Name: _____  Date: _____

Teacher: _____ Score: ___/60 Time: ___:___

1. $\begin{array}{r}4\\+\ 5\\\hline\end{array}$ 2. $\begin{array}{r}5\\+\ 1\\\hline\end{array}$ 3. $\begin{array}{r}5\\+\ 3\\\hline\end{array}$ 4. $\begin{array}{r}2\\+\ 4\\\hline\end{array}$ 5. $\begin{array}{r}1\\+\ 2\\\hline\end{array}$ 6. $\begin{array}{r}1\\+\ 5\\\hline\end{array}$

(handwritten answer: 9)

7. $\begin{array}{r}3\\+\ 4\\\hline\end{array}$ 8. $\begin{array}{r}2\\+\ 0\\\hline\end{array}$ 9. $\begin{array}{r}5\\+\ 1\\\hline\end{array}$ 10. $\begin{array}{r}2\\+\ 4\\\hline\end{array}$ 11. $\begin{array}{r}0\\+\ 2\\\hline\end{array}$ 12. $\begin{array}{r}1\\+\ 3\\\hline\end{array}$

13. $\begin{array}{r}1\\+\ 0\\\hline\end{array}$ 14. $\begin{array}{r}5\\+\ 2\\\hline\end{array}$ 15. $\begin{array}{r}3\\+\ 3\\\hline\end{array}$ 16. $\begin{array}{r}2\\+\ 2\\\hline\end{array}$ 17. $\begin{array}{r}5\\+\ 4\\\hline\end{array}$ 18. $\begin{array}{r}4\\+\ 0\\\hline\end{array}$

19. $\begin{array}{r}1\\+\ 2\\\hline\end{array}$ 20. $\begin{array}{r}4\\+\ 3\\\hline\end{array}$ 21. $\begin{array}{r}5\\+\ 1\\\hline\end{array}$ 22. $\begin{array}{r}4\\+\ 0\\\hline\end{array}$ 23. $\begin{array}{r}5\\+\ 1\\\hline\end{array}$ 24. $\begin{array}{r}3\\+\ 3\\\hline\end{array}$

25. $\begin{array}{r}0\\+\ 2\\\hline\end{array}$ 26. $\begin{array}{r}1\\+\ 3\\\hline\end{array}$ 27. $\begin{array}{r}2\\+\ 0\\\hline\end{array}$ 28. $\begin{array}{r}4\\+\ 1\\\hline\end{array}$ 29. $\begin{array}{r}0\\+\ 5\\\hline\end{array}$ 30. $\begin{array}{r}0\\+\ 2\\\hline\end{array}$

31. $\begin{array}{r}0\\+\ 4\\\hline\end{array}$ 32. $\begin{array}{r}3\\+\ 5\\\hline\end{array}$ 33. $\begin{array}{r}2\\+\ 0\\\hline\end{array}$ 34. $\begin{array}{r}2\\+\ 1\\\hline\end{array}$ 35. $\begin{array}{r}1\\+\ 5\\\hline\end{array}$ 36. $\begin{array}{r}3\\+\ 4\\\hline\end{array}$

37. $\begin{array}{r}0\\+\ 5\\\hline\end{array}$ 38. $\begin{array}{r}0\\+\ 4\\\hline\end{array}$ 39. $\begin{array}{r}5\\+\ 3\\\hline\end{array}$ 40. $\begin{array}{r}2\\+\ 1\\\hline\end{array}$ 41. $\begin{array}{r}4\\+\ 0\\\hline\end{array}$ 42. $\begin{array}{r}1\\+\ 5\\\hline\end{array}$

43. $\begin{array}{r}1\\+\ 3\\\hline\end{array}$ 44. $\begin{array}{r}4\\+\ 4\\\hline\end{array}$ 45. $\begin{array}{r}3\\+\ 0\\\hline\end{array}$ 46. $\begin{array}{r}0\\+\ 0\\\hline\end{array}$ 47. $\begin{array}{r}5\\+\ 3\\\hline\end{array}$ 48. $\begin{array}{r}4\\+\ 0\\\hline\end{array}$

49. $\begin{array}{r}2\\+\ 1\\\hline\end{array}$ 50. $\begin{array}{r}0\\+\ 1\\\hline\end{array}$ 51. $\begin{array}{r}4\\+\ 5\\\hline\end{array}$ 52. $\begin{array}{r}3\\+\ 4\\\hline\end{array}$ 53. $\begin{array}{r}3\\+\ 2\\\hline\end{array}$ 54. $\begin{array}{r}3\\+\ 3\\\hline\end{array}$

55. $\begin{array}{r}4\\+\ 5\\\hline\end{array}$ 56. $\begin{array}{r}2\\+\ 2\\\hline\end{array}$ 57. $\begin{array}{r}0\\+\ 4\\\hline\end{array}$ 58. $\begin{array}{r}5\\+\ 5\\\hline\end{array}$ 59. $\begin{array}{r}3\\+\ 1\\\hline\end{array}$ 60. $\begin{array}{r}1\\+\ 2\\\hline\end{array}$

Test 1

Name: _____   Date: ____

Teacher: _____   Score: ___/60   Time: ___:___

1. 5 + 5   2. 3 + 4   3. 0 + 5   4. 3 + 3   5. 1 + 0   6. 3 + 2

7. 1 + 1   8. 4 + 2   9. 4 + 3   10. 0 + 3   11. 2 + 4   12. 2 + 3

13. 1 + 4   14. 3 + 1   15. 1 + 1   16. 3 + 4   17. 1 + 1   18. 5 + 2

19. 4 + 1   20. 0 + 3   21. 4 + 3   22. 0 + 0   23. 4 + 0   24. 0 + 4

25. 5 + 2   26. 1 + 3   27. 5 + 0   28. 5 + 4   29. 5 + 3   30. 3 + 4

31. 2 + 2   32. 4 + 0   33. 3 + 4   34. 0 + 1   35. 4 + 4   36. 2 + 3

37. 1 + 5   38. 2 + 3   39. 1 + 0   40. 0 + 5   41. 2 + 5   42. 2 + 1

43. 5 + 1   44. 3 + 0   45. 4 + 5   46. 4 + 3   47. 5 + 5   48. 0 + 1

49. 3 + 2   50. 1 + 0   51. 0 + 1   52. 2 + 2   53. 1 + 2   54. 4 + 0

55. 3 + 5   56. 5 + 5   57. 0 + 5   58. 2 + 0   59. 5 + 2   60. 2 + 4

Test 2

Congratulations for taking steps to improve your math skills!

Math Practice* - *Addition and Subtraction was carefully designed to assist you in your learning journey using the principles of repetition and drilling.

Note for parents: a great way to measure your child's progress is to keep track of their scores and times on each test!

There is a space on the top of each test for recording score and time, and also a **scorecard** at the back of the book.

A useful way to track progress is to compare the scores and times your child accomplished between tests in the same section, since one test is similar in difficulty to another in the same section.

The sections are labeled in the table of contents on the next page.

Good luck!

© 2021 PrepTitan   All rights reserved.
No portion of this book may be reproduced in any form without permission from the publisher, except as permitted by U.S. copyright law.

Table of Contents

Section: Pages:

Addition:

0-5	----------------------------------	1-10
0-10	----------------------------------	11-20
0-15	----------------------------------	21-30
0-20	----------------------------------	31-40

Subtraction:

0-5	----------------------------------	41-50
0-10	----------------------------------	51-60
0-15	----------------------------------	61-70
0-20	----------------------------------	71-80

Review: Addition and Subtraction

0-20	----------------------------------	81-100

Answer Keys:	----------------------------------	101-107

© 2021 PrepTitan   All rights reserved.

No portion of this book may be reproduced in any form without permission from the publisher, except as permitted by U.S. copyright law.

Name: _____ Date: ____

Teacher: _____ Score: ___/60 Time: ___:___

1. +3/3
2. +3/0
3. +2/1
4. +0/4
5. +1/2
6. +2/3

7. +4/0
8. +2/4
9. +5/3
10. +5/4
11. +1/5
12. +0/5

13. +3/2
14. +4/0
15. +0/4
16. +3/0
17. +4/4
18. +1/2

19. +1/1
20. +2/3
21. +3/4
22. +5/1
23. +3/1
24. +2/1

25. +0/2
26. +0/4
27. +3/1
28. +5/2
29. +2/1
30. +3/3

31. +5/0
32. +0/3
33. +4/3
34. +1/3
35. +4/1
36. +1/4

37. +0/3
38. +1/5
39. +2/0
40. +1/2
41. +5/2
42. +0/5

43. +2/0
44. +5/3
45. +2/5
46. +0/5
47. +2/1
48. +5/5

49. +4/3
50. +4/1
51. +4/5
52. +5/2
53. +1/0
54. +3/4

55. +1/2
56. +1/0
57. +4/5
58. +3/5
59. +5/2
60. +3/4

Test 3

Name: _____   Date: _____

Teacher: _____   Score: ___/60   Time: ___:___

1. 0 + 3
2. 4 + 4
3. 0 + 2
4. 4 + 5
5. 3 + 4
6. 1 + 5

7. 3 + 4
8. 5 + 5
9. 1 + 5
10. 0 + 5
11. 5 + 1
12. 5 + 2

13. 0 + 1
14. 0 + 5
15. 4 + 4
16. 4 + 3
17. 5 + 0
18. 5 + 3

19. 2 + 2
20. 3 + 3
21. 5 + 3
22. 3 + 0
23. 3 + 4
24. 1 + 3

25. 1 + 4
26. 5 + 0
27. 2 + 3
28. 3 + 5
29. 4 + 3
30. 2 + 4

31. 2 + 5
32. 4 + 1
33. 1 + 0
34. 0 + 4
35. 0 + 0
36. 3 + 5

37. 4 + 2
38. 1 + 1
39. 5 + 1
40. 5 + 2
41. 3 + 0
42. 3 + 1

43. 4 + 3
44. 4 + 1
45. 2 + 0
46. 4 + 2
47. 2 + 2
48. 2 + 0

49. 2 + 2
50. 0 + 2
51. 2 + 4
52. 0 + 2
53. 5 + 5
54. 2 + 3

55. 1 + 4
56. 1 + 1
57. 1 + 0
58. 0 + 1
59. 1 + 5
60. 3 + 2

Test 4

Name: _____   Date: _____

Teacher: _____   Score: ___/60   Time: ___:___

1. 5 + 0
2. 5 + 1
3. 4 + 2
4. 0 + 1
5. 2 + 5
6. 2 + 2

7. 5 + 4
8. 1 + 1
9. 3 + 1
10. 0 + 4
11. 1 + 4
12. 5 + 1

13. 1 + 1
14. 3 + 4
15. 4 + 2
16. 3 + 2
17. 3 + 3
18. 3 + 0

19. 4 + 0
20. 0 + 3
21. 3 + 3
22. 1 + 5
23. 4 + 3
24. 0 + 1

25. 0 + 5
26. 4 + 5
27. 4 + 1
28. 4 + 2
29. 2 + 5
30. 1 + 4

31. 4 + 5
32. 2 + 4
33. 1 + 0
34. 5 + 5
35. 1 + 2
36. 0 + 5

37. 2 + 2
38. 2 + 1
39. 1 + 0
40. 5 + 4
41. 0 + 3
42. 2 + 0

43. 4 + 0
44. 5 + 4
45. 2 + 0
46. 4 + 3
47. 1 + 5
48. 5 + 1

49. 0 + 4
50. 5 + 2
51. 1 + 3
52. 3 + 0
53. 3 + 3
54. 3 + 4

55. 2 + 2
56. 2 + 4
57. 4 + 0
58. 0 + 3
59. 5 + 5
60. 3 + 2

Test 5

Name: _____ Date: _____

Teacher: _____ Score: ___/60 Time: ___:___

1. 5 + 0
2. 3 + 0
3. 0 + 5
4. 4 + 1
5. 1 + 4
6. 2 + 4

7. 2 + 0
8. 5 + 5
9. 5 + 1
10. 1 + 4
11. 1 + 1
12. 5 + 1

13. 5 + 3
14. 2 + 3
15. 4 + 2
16. 0 + 2
17. 4 + 2
18. 3 + 3

19. 4 + 2
20. 3 + 1
21. 2 + 3
22. 0 + 3
23. 5 + 1
24. 0 + 4

25. 4 + 5
26. 0 + 5
27. 2 + 3
28. 1 + 4
29. 3 + 0
30. 1 + 0

31. 4 + 4
32. 5 + 4
33. 2 + 2
34. 3 + 2
35. 5 + 2
36. 1 + 0

37. 5 + 4
38. 0 + 3
39. 3 + 5
40. 3 + 2
41. 4 + 3
42. 2 + 5

43. 0 + 0
44. 2 + 5
45. 1 + 1
46. 0 + 5
47. 0 + 0
48. 3 + 5

49. 4 + 3
50. 0 + 2
51. 3 + 4
52. 1 + 2
53. 4 + 1
54. 3 + 1

55. 4 + 0
56. 1 + 5
57. 5 + 3
58. 2 + 1
59. 2 + 4
60. 1 + 0

Test 6

Name: _____   Date: ____

Teacher: _____   Score: ___/60 Time: ___:___

1. 2 + 5
2. 2 + 1
3. 5 + 1
4. 0 + 4
5. 0 + 1
6. 1 + 0

7. 4 + 5
8. 4 + 1
9. 4 + 0
10. 4 + 5
11. 2 + 2
12. 1 + 5

13. 5 + 1
14. 1 + 0
15. 3 + 1
16. 5 + 4
17. 0 + 3
18. 1 + 2

19. 3 + 1
20. 1 + 1
21. 1 + 0
22. 0 + 2
23. 3 + 4
24. 4 + 4

25. 3 + 0
26. 5 + 0
27. 3 + 4
28. 4 + 1
29. 2 + 3
30. 0 + 0

31. 2 + 1
32. 2 + 2
33. 2 + 3
34. 5 + 2
35. 0 + 5
36. 3 + 3

37. 1 + 0
38. 2 + 2
39. 5 + 5
40. 2 + 0
41. 3 + 0
42. 3 + 2

43. 3 + 3
44. 3 + 4
45. 0 + 3
46. 2 + 3
47. 4 + 4
48. 1 + 2

49. 0 + 4
50. 5 + 5
51. 4 + 5
52. 3 + 3
53. 0 + 4
54. 1 + 5

55. 0 + 4
56. 4 + 3
57. 5 + 2
58. 1 + 2
59. 5 + 5
60. 5 + 3

Test 7

Name: _____   Date: _____

Teacher: _____   Score: ___/60   Time: ___:___

1. $\begin{array}{r}1\\+\ 4\\\hline\end{array}$ 2. $\begin{array}{r}1\\+\ 0\\\hline\end{array}$ 3. $\begin{array}{r}0\\+\ 1\\\hline\end{array}$ 4. $\begin{array}{r}4\\+\ 4\\\hline\end{array}$ 5. $\begin{array}{r}1\\+\ 1\\\hline\end{array}$ 6. $\begin{array}{r}0\\+\ 0\\\hline\end{array}$

7. $\begin{array}{r}5\\+\ 5\\\hline\end{array}$ 8. $\begin{array}{r}2\\+\ 3\\\hline\end{array}$ 9. $\begin{array}{r}0\\+\ 2\\\hline\end{array}$ 10. $\begin{array}{r}1\\+\ 1\\\hline\end{array}$ 11. $\begin{array}{r}0\\+\ 3\\\hline\end{array}$ 12. $\begin{array}{r}2\\+\ 5\\\hline\end{array}$

13. $\begin{array}{r}2\\+\ 4\\\hline\end{array}$ 14. $\begin{array}{r}3\\+\ 3\\\hline\end{array}$ 15. $\begin{array}{r}4\\+\ 5\\\hline\end{array}$ 16. $\begin{array}{r}1\\+\ 0\\\hline\end{array}$ 17. $\begin{array}{r}3\\+\ 3\\\hline\end{array}$ 18. $\begin{array}{r}5\\+\ 4\\\hline\end{array}$

19. $\begin{array}{r}4\\+\ 5\\\hline\end{array}$ 20. $\begin{array}{r}2\\+\ 1\\\hline\end{array}$ 21. $\begin{array}{r}5\\+\ 2\\\hline\end{array}$ 22. $\begin{array}{r}2\\+\ 2\\\hline\end{array}$ 23. $\begin{array}{r}1\\+\ 1\\\hline\end{array}$ 24. $\begin{array}{r}0\\+\ 2\\\hline\end{array}$

25. $\begin{array}{r}3\\+\ 3\\\hline\end{array}$ 26. $\begin{array}{r}4\\+\ 2\\\hline\end{array}$ 27. $\begin{array}{r}1\\+\ 3\\\hline\end{array}$ 28. $\begin{array}{r}0\\+\ 5\\\hline\end{array}$ 29. $\begin{array}{r}4\\+\ 2\\\hline\end{array}$ 30. $\begin{array}{r}2\\+\ 0\\\hline\end{array}$

31. $\begin{array}{r}2\\+\ 4\\\hline\end{array}$ 32. $\begin{array}{r}5\\+\ 5\\\hline\end{array}$ 33. $\begin{array}{r}0\\+\ 3\\\hline\end{array}$ 34. $\begin{array}{r}4\\+\ 0\\\hline\end{array}$ 35. $\begin{array}{r}5\\+\ 1\\\hline\end{array}$ 36. $\begin{array}{r}3\\+\ 4\\\hline\end{array}$

37. $\begin{array}{r}2\\+\ 0\\\hline\end{array}$ 38. $\begin{array}{r}1\\+\ 5\\\hline\end{array}$ 39. $\begin{array}{r}1\\+\ 1\\\hline\end{array}$ 40. $\begin{array}{r}4\\+\ 3\\\hline\end{array}$ 41. $\begin{array}{r}2\\+\ 2\\\hline\end{array}$ 42. $\begin{array}{r}4\\+\ 3\\\hline\end{array}$

43. $\begin{array}{r}3\\+\ 4\\\hline\end{array}$ 44. $\begin{array}{r}5\\+\ 0\\\hline\end{array}$ 45. $\begin{array}{r}5\\+\ 4\\\hline\end{array}$ 46. $\begin{array}{r}3\\+\ 0\\\hline\end{array}$ 47. $\begin{array}{r}4\\+\ 1\\\hline\end{array}$ 48. $\begin{array}{r}0\\+\ 5\\\hline\end{array}$

49. $\begin{array}{r}0\\+\ 2\\\hline\end{array}$ 50. $\begin{array}{r}3\\+\ 2\\\hline\end{array}$ 51. $\begin{array}{r}3\\+\ 0\\\hline\end{array}$ 52. $\begin{array}{r}5\\+\ 0\\\hline\end{array}$ 53. $\begin{array}{r}3\\+\ 4\\\hline\end{array}$ 54. $\begin{array}{r}2\\+\ 1\\\hline\end{array}$

55. $\begin{array}{r}3\\+\ 4\\\hline\end{array}$ 56. $\begin{array}{r}4\\+\ 1\\\hline\end{array}$ 57. $\begin{array}{r}0\\+\ 5\\\hline\end{array}$ 58. $\begin{array}{r}5\\+\ 5\\\hline\end{array}$ 59. $\begin{array}{r}1\\+\ 3\\\hline\end{array}$ 60. $\begin{array}{r}5\\+\ 2\\\hline\end{array}$

Test 8

Name: _____ Date: _____

Teacher: _____ Score: ___/60 Time: ___:___

1. $\begin{array}{r}1\\+\ 4\\\hline\end{array}$
2. $\begin{array}{r}5\\+\ 5\\\hline\end{array}$
3. $\begin{array}{r}0\\+\ 2\\\hline\end{array}$
4. $\begin{array}{r}2\\+\ 4\\\hline\end{array}$
5. $\begin{array}{r}5\\+\ 3\\\hline\end{array}$
6. $\begin{array}{r}0\\+\ 5\\\hline\end{array}$

7. $\begin{array}{r}4\\+\ 2\\\hline\end{array}$
8. $\begin{array}{r}0\\+\ 4\\\hline\end{array}$
9. $\begin{array}{r}3\\+\ 3\\\hline\end{array}$
10. $\begin{array}{r}1\\+\ 4\\\hline\end{array}$
11. $\begin{array}{r}0\\+\ 4\\\hline\end{array}$
12. $\begin{array}{r}2\\+\ 2\\\hline\end{array}$

13. $\begin{array}{r}2\\+\ 0\\\hline\end{array}$
14. $\begin{array}{r}4\\+\ 3\\\hline\end{array}$
15. $\begin{array}{r}4\\+\ 0\\\hline\end{array}$
16. $\begin{array}{r}3\\+\ 3\\\hline\end{array}$
17. $\begin{array}{r}4\\+\ 4\\\hline\end{array}$
18. $\begin{array}{r}1\\+\ 5\\\hline\end{array}$

19. $\begin{array}{r}2\\+\ 0\\\hline\end{array}$
20. $\begin{array}{r}2\\+\ 1\\\hline\end{array}$
21. $\begin{array}{r}0\\+\ 0\\\hline\end{array}$
22. $\begin{array}{r}4\\+\ 1\\\hline\end{array}$
23. $\begin{array}{r}5\\+\ 3\\\hline\end{array}$
24. $\begin{array}{r}3\\+\ 0\\\hline\end{array}$

25. $\begin{array}{r}0\\+\ 2\\\hline\end{array}$
26. $\begin{array}{r}3\\+\ 2\\\hline\end{array}$
27. $\begin{array}{r}0\\+\ 5\\\hline\end{array}$
28. $\begin{array}{r}3\\+\ 4\\\hline\end{array}$
29. $\begin{array}{r}2\\+\ 4\\\hline\end{array}$
30. $\begin{array}{r}4\\+\ 5\\\hline\end{array}$

31. $\begin{array}{r}0\\+\ 0\\\hline\end{array}$
32. $\begin{array}{r}5\\+\ 0\\\hline\end{array}$
33. $\begin{array}{r}3\\+\ 1\\\hline\end{array}$
34. $\begin{array}{r}3\\+\ 0\\\hline\end{array}$
35. $\begin{array}{r}2\\+\ 4\\\hline\end{array}$
36. $\begin{array}{r}4\\+\ 3\\\hline\end{array}$

37. $\begin{array}{r}5\\+\ 3\\\hline\end{array}$
38. $\begin{array}{r}1\\+\ 3\\\hline\end{array}$
39. $\begin{array}{r}1\\+\ 2\\\hline\end{array}$
40. $\begin{array}{r}5\\+\ 1\\\hline\end{array}$
41. $\begin{array}{r}1\\+\ 3\\\hline\end{array}$
42. $\begin{array}{r}2\\+\ 2\\\hline\end{array}$

43. $\begin{array}{r}1\\+\ 3\\\hline\end{array}$
44. $\begin{array}{r}3\\+\ 0\\\hline\end{array}$
45. $\begin{array}{r}5\\+\ 2\\\hline\end{array}$
46. $\begin{array}{r}0\\+\ 2\\\hline\end{array}$
47. $\begin{array}{r}3\\+\ 1\\\hline\end{array}$
48. $\begin{array}{r}3\\+\ 2\\\hline\end{array}$

49. $\begin{array}{r}2\\+\ 0\\\hline\end{array}$
50. $\begin{array}{r}4\\+\ 5\\\hline\end{array}$
51. $\begin{array}{r}0\\+\ 1\\\hline\end{array}$
52. $\begin{array}{r}2\\+\ 5\\\hline\end{array}$
53. $\begin{array}{r}5\\+\ 5\\\hline\end{array}$
54. $\begin{array}{r}4\\+\ 2\\\hline\end{array}$

55. $\begin{array}{r}4\\+\ 1\\\hline\end{array}$
56. $\begin{array}{r}5\\+\ 4\\\hline\end{array}$
57. $\begin{array}{r}5\\+\ 5\\\hline\end{array}$
58. $\begin{array}{r}1\\+\ 1\\\hline\end{array}$
59. $\begin{array}{r}2\\+\ 3\\\hline\end{array}$
60. $\begin{array}{r}5\\+\ 5\\\hline\end{array}$

Test 9

Name: _____ Date: _____

Teacher: _____ Score: ____/60 Time: ___:___

1. 5 + 5
2. 4 + 3
3. 1 + 4
4. 3 + 1
5. 0 + 4
6. 4 + 5

7. 1 + 5
8. 2 + 4
9. 0 + 4
10. 1 + 3
11. 5 + 1
12. 0 + 4

13. 3 + 4
14. 5 + 3
15. 1 + 5
16. 5 + 1
17. 5 + 4
18. 0 + 4

19. 3 + 1
20. 2 + 1
21. 3 + 2
22. 0 + 3
23. 3 + 2
24. 0 + 5

25. 2 + 2
26. 2 + 5
27. 3 + 0
28. 4 + 2
29. 2 + 0
30. 0 + 5

31. 4 + 0
32. 2 + 1
33. 4 + 0
34. 5 + 2
35. 5 + 0
36. 1 + 2

37. 4 + 3
38. 5 + 3
39. 3 + 1
40. 2 + 0
41. 3 + 4
42. 5 + 4

43. 4 + 2
44. 2 + 0
45. 3 + 2
46. 1 + 3
47. 2 + 0
48. 1 + 1

49. 2 + 5
50. 4 + 1
51. 3 + 3
52. 1 + 3
53. 5 + 2
54. 0 + 2

55. 2 + 0
56. 3 + 1
57. 4 + 5
58. 4 + 3
59. 0 + 5
60. 1 + 0

Test 10

Name: _____ Date: _____

Teacher: _____ Score: ___/60 Time: ___:___

1. 4 + 3
2. 1 + 2
3. 8 + 8
4. 2 + 3
5. 1 + 0
6. 0 + 9

7. 8 + 0
8. 6 + 3
9. 2 + 5
10. 6 + 0
11. 6 + 4
12. 1 + 7

13. 8 + 8
14. 0 + 9
15. 7 + 7
16. 8 + 8
17. 8 + 4
18. 10 + 10

19. 10 + 7
20. 9 + 1
21. 5 + 6
22. 9 + 2
23. 5 + 2
24. 2 + 4

25. 3 + 6
26. 0 + 10
27. 2 + 4
28. 1 + 5
29. 4 + 4
30. 6 + 10

31. 3 + 6
32. 7 + 1
33. 1 + 10
34. 10 + 0
35. 5 + 9
36. 0 + 8

37. 7 + 6
38. 4 + 8
39. 4 + 9
40. 7 + 2
41. 10 + 3
42. 0 + 0

43. 9 + 9
44. 6 + 7
45. 9 + 2
46. 2 + 1
47. 9 + 5
48. 3 + 5

49. 6 + 0
50. 2 + 1
51. 0 + 2
52. 10 + 4
53. 8 + 3
54. 4 + 5

55. 1 + 5
56. 3 + 1
57. 3 + 7
58. 4 + 6
59. 5 + 7
60. 7 + 9

Test 11

Name: _____   Date: _____
Teacher: _____   Score: ___/60   Time: ___:___

1. $\begin{array}{r}0\\+\ 0\\\hline\end{array}$ 2. $\begin{array}{r}10\\+\ 0\\\hline\end{array}$ 3. $\begin{array}{r}1\\+\ 2\\\hline\end{array}$ 4. $\begin{array}{r}9\\+\ 1\\\hline\end{array}$ 5. $\begin{array}{r}4\\+\ 1\\\hline\end{array}$ 6. $\begin{array}{r}3\\+\ 4\\\hline\end{array}$

7. $\begin{array}{r}8\\+\ 5\\\hline\end{array}$ 8. $\begin{array}{r}8\\+\ 0\\\hline\end{array}$ 9. $\begin{array}{r}5\\+\ 7\\\hline\end{array}$ 10. $\begin{array}{r}6\\+\ 4\\\hline\end{array}$ 11. $\begin{array}{r}7\\+\ 3\\\hline\end{array}$ 12. $\begin{array}{r}3\\+\ 9\\\hline\end{array}$

13. $\begin{array}{r}9\\+\ 4\\\hline\end{array}$ 14. $\begin{array}{r}2\\+\ 1\\\hline\end{array}$ 15. $\begin{array}{r}8\\+\ 5\\\hline\end{array}$ 16. $\begin{array}{r}5\\+\ 8\\\hline\end{array}$ 17. $\begin{array}{r}1\\+\ 6\\\hline\end{array}$ 18. $\begin{array}{r}7\\+\ 8\\\hline\end{array}$

19. $\begin{array}{r}7\\+\ 7\\\hline\end{array}$ 20. $\begin{array}{r}5\\+\ 0\\\hline\end{array}$ 21. $\begin{array}{r}4\\+\ 0\\\hline\end{array}$ 22. $\begin{array}{r}2\\+\ 4\\\hline\end{array}$ 23. $\begin{array}{r}10\\+\ 3\\\hline\end{array}$ 24. $\begin{array}{r}0\\+\ 9\\\hline\end{array}$

25. $\begin{array}{r}7\\+\ 5\\\hline\end{array}$ 26. $\begin{array}{r}4\\+\ 9\\\hline\end{array}$ 27. $\begin{array}{r}6\\+\ 7\\\hline\end{array}$ 28. $\begin{array}{r}5\\+\ 6\\\hline\end{array}$ 29. $\begin{array}{r}9\\+\ 3\\\hline\end{array}$ 30. $\begin{array}{r}9\\+\ 4\\\hline\end{array}$

31. $\begin{array}{r}6\\+\ 10\\\hline\end{array}$ 32. $\begin{array}{r}4\\+\ 4\\\hline\end{array}$ 33. $\begin{array}{r}6\\+\ 7\\\hline\end{array}$ 34. $\begin{array}{r}3\\+\ 6\\\hline\end{array}$ 35. $\begin{array}{r}0\\+\ 6\\\hline\end{array}$ 36. $\begin{array}{r}8\\+\ 0\\\hline\end{array}$

37. $\begin{array}{r}1\\+\ 9\\\hline\end{array}$ 38. $\begin{array}{r}5\\+\ 5\\\hline\end{array}$ 39. $\begin{array}{r}6\\+\ 10\\\hline\end{array}$ 40. $\begin{array}{r}3\\+\ 6\\\hline\end{array}$ 41. $\begin{array}{r}1\\+\ 1\\\hline\end{array}$ 42. $\begin{array}{r}8\\+\ 3\\\hline\end{array}$

43. $\begin{array}{r}3\\+\ 7\\\hline\end{array}$ 44. $\begin{array}{r}2\\+\ 8\\\hline\end{array}$ 45. $\begin{array}{r}0\\+\ 10\\\hline\end{array}$ 46. $\begin{array}{r}10\\+\ 1\\\hline\end{array}$ 47. $\begin{array}{r}1\\+\ 1\\\hline\end{array}$ 48. $\begin{array}{r}6\\+\ 6\\\hline\end{array}$

49. $\begin{array}{r}5\\+\ 8\\\hline\end{array}$ 50. $\begin{array}{r}4\\+\ 2\\\hline\end{array}$ 51. $\begin{array}{r}8\\+\ 2\\\hline\end{array}$ 52. $\begin{array}{r}0\\+\ 8\\\hline\end{array}$ 53. $\begin{array}{r}7\\+\ 2\\\hline\end{array}$ 54. $\begin{array}{r}4\\+\ 7\\\hline\end{array}$

55. $\begin{array}{r}10\\+\ 9\\\hline\end{array}$ 56. $\begin{array}{r}1\\+\ 3\\\hline\end{array}$ 57. $\begin{array}{r}10\\+\ 2\\\hline\end{array}$ 58. $\begin{array}{r}10\\+\ 10\\\hline\end{array}$ 59. $\begin{array}{r}2\\+\ 5\\\hline\end{array}$ 60. $\begin{array}{r}9\\+\ 4\\\hline\end{array}$

Test 12

Name: _____ Date: ____

Teacher: _____ Score: ___/60 Time: __:__

1. 7 + 4
2. 6 + 1
3. 3 + 3
4. 10 + 1
5. 2 + 4
6. 0 + 1

7. 5 + 6
8. 1 + 4
9. 5 + 5
10. 0 + 10
11. 3 + 7
12. 5 + 5

13. 9 + 2
14. 0 + 5
15. 6 + 9
16. 8 + 8
17. 0 + 3
18. 10 + 2

19. 8 + 6
20. 6 + 1
21. 10 + 4
22. 7 + 3
23. 8 + 0
24. 5 + 9

25. 6 + 7
26. 4 + 10
27. 7 + 9
28. 8 + 8
29. 9 + 0
30. 2 + 9

31. 2 + 2
32. 4 + 5
33. 4 + 2
34. 8 + 10
35. 9 + 6
36. 7 + 4

37. 1 + 6
38. 6 + 7
39. 10 + 5
40. 3 + 8
41. 1 + 3
42. 5 + 7

43. 7 + 8
44. 2 + 10
45. 0 + 9
46. 7 + 9
47. 8 + 6
48. 4 + 7

49. 4 + 10
50. 9 + 3
51. 3 + 0
52. 3 + 2
53. 1 + 3
54. 1 + 1

55. 0 + 8
56. 9 + 10
57. 5 + 7
58. 2 + 0
59. 9 + 6
60. 3 + 0

Test 13

Name: _____   Date: ____

Teacher: _____   Score: ___/60   Time: ___:___

1. 9 + 9
2. 10 + 2
3. 1 + 9
4. 9 + 2
5. 9 + 0
6. 3 + 6

7. 0 + 10
8. 4 + 7
9. 1 + 3
10. 1 + 0
11. 7 + 6
12. 9 + 4

13. 3 + 4
14. 2 + 4
15. 2 + 9
16. 6 + 9
17. 3 + 10
18. 6 + 1

19. 0 + 1
20. 6 + 5
21. 3 + 5
22. 0 + 6
23. 3 + 8
24. 2 + 8

25. 5 + 7
26. 5 + 6
27. 7 + 4
28. 3 + 2
29. 7 + 10
30. 1 + 9

31. 10 + 8
32. 8 + 7
33. 4 + 1
34. 10 + 10
35. 1 + 3
36. 7 + 3

37. 8 + 8
38. 9 + 7
39. 4 + 2
40. 10 + 5
41. 2 + 9
42. 1 + 0

43. 6 + 2
44. 5 + 7
45. 5 + 8
46. 4 + 6
47. 4 + 10
48. 8 + 5

49. 3 + 2
50. 6 + 1
51. 7 + 8
52. 2 + 1
53. 10 + 7
54. 0 + 0

55. 0 + 4
56. 10 + 5
57. 6 + 3
58. 8 + 10
59. 8 + 3
60. 9 + 0

Test 14

Name: _____ Date: ____

Teacher: _____   Score: ___/60   Time: ___:___

1. 4 + 8
2. 6 + 9
3. 3 + 9
4. 5 + 0
5. 0 + 7
6. 9 + 7

7. 8 + 10
8. 5 + 8
9. 3 + 7
10. 4 + 8
11. 5 + 4
12. 2 + 6

13. 8 + 5
14. 5 + 0
15. 9 + 9
16. 9 + 3
17. 10 + 6
18. 4 + 1

19. 1 + 3
20. 10 + 10
21. 9 + 0
22. 7 + 6
23. 0 + 2
24. 10 + 4

25. 8 + 4
26. 2 + 8
27. 4 + 5
28. 5 + 9
29. 9 + 10
30. 1 + 1

31. 7 + 1
32. 1 + 1
33. 5 + 5
34. 2 + 5
35. 10 + 7
36. 8 + 10

37. 4 + 6
38. 7 + 5
39. 0 + 3
40. 0 + 4
41. 8 + 4
42. 2 + 2

43. 6 + 2
44. 9 + 10
45. 10 + 10
46. 7 + 1
47. 3 + 3
48. 6 + 3

49. 1 + 8
50. 6 + 2
51. 9 + 6
52. 1 + 9
53. 7 + 5
54. 8 + 6

55. 10 + 3
56. 0 + 0
57. 3 + 8
58. 7 + 7
59. 4 + 2
60. 6 + 4

Test 15

Name: _____ Date: _____

Teacher: _____ Score: ___/60 Time: ___:___

1. 9 + 8
2. 2 + 7
3. 6 + 3
4. 6 + 6
5. 4 + 9
6. 4 + 0

7. 7 + 4
8. 10 + 5
9. 8 + 10
10. 0 + 3
11. 7 + 6
12. 5 + 2

13. 3 + 10
14. 2 + 4
15. 2 + 7
16. 5 + 9
17. 5 + 5
18. 4 + 6

19. 2 + 1
20. 8 + 7
21. 8 + 4
22. 3 + 7
23. 7 + 8
24. 8 + 9

25. 7 + 1
26. 8 + 3
27. 9 + 10
28. 3 + 5
29. 2 + 0
30. 0 + 9

31. 0 + 5
32. 1 + 1
33. 6 + 7
34. 5 + 2
35. 3 + 5
36. 9 + 3

37. 5 + 6
38. 10 + 2
39. 4 + 8
40. 5 + 4
41. 6 + 2
42. 9 + 0

43. 0 + 0
44. 7 + 10
45. 1 + 0
46. 1 + 1
47. 1 + 6
48. 4 + 1

49. 1 + 3
50. 0 + 10
51. 6 + 8
52. 0 + 9
53. 9 + 2
54. 7 + 5

55. 1 + 8
56. 8 + 1
57. 10 + 7
58. 10 + 4
59. 3 + 4
60. 6 + 3

Test 16

Name: _____   Date: _____

Teacher: _____   Score: ___/60   Time: ___:___

1. 8 + 5
2. 8 + 8
3. 6 + 10
4. 8 + 10
5. 10 + 5
6. 5 + 6

7. 9 + 1
8. 5 + 2
9. 1 + 5
10. 6 + 6
11. 5 + 10
12. 3 + 6

13. 1 + 2
14. 4 + 7
15. 2 + 2
16. 3 + 1
17. 2 + 3
18. 6 + 4

19. 1 + 8
20. 0 + 4
21. 2 + 2
22. 9 + 8
23. 3 + 0
24. 3 + 3

25. 8 + 9
26. 7 + 8
27. 5 + 5
28. 0 + 3
29. 8 + 7
30. 5 + 0

31. 7 + 6
32. 3 + 3
33. 10 + 8
34. 5 + 1
35. 4 + 0
36. 9 + 10

37. 7 + 2
38. 8 + 3
39. 4 + 9
40. 9 + 10
41. 4 + 4
42. 4 + 6

43. 0 + 7
44. 0 + 6
45. 10 + 4
46. 3 + 0
47. 1 + 0
48. 9 + 9

49. 6 + 0
50. 7 + 4
51. 10 + 2
52. 7 + 5
53. 1 + 1
54. 2 + 9

55. 6 + 9
56. 1 + 10
57. 0 + 7
58. 0 + 5
59. 7 + 7
60. 9 + 8

Test 17

Name: _____   Date: _____

Teacher: _____   Score: ___/60   Time: ___:___

1. 2 + 1
2. 5 + 7
3. 8 + 2
4. 8 + 0
5. 1 + 3
6. 8 + 3
7. 6 + 5
8. 9 + 9
9. 0 + 6
10. 3 + 6
11. 9 + 3
12. 1 + 3
13. 7 + 2
14. 10 + 7
15. 1 + 4
16. 5 + 8
17. 3 + 7
18. 7 + 0
19. 6 + 9
20. 3 + 3
21. 6 + 1
22. 6 + 8
23. 6 + 9
24. 4 + 6
25. 5 + 5
26. 9 + 4
27. 2 + 2
28. 4 + 3
29. 2 + 2
30. 3 + 0
31. 8 + 1
32. 2 + 8
33. 10 + 4
34. 1 + 10
35. 7 + 9
36. 10 + 0
37. 10 + 9
38. 3 + 1
39. 7 + 10
40. 4 + 5
41. 0 + 5
42. 2 + 4
43. 3 + 0
44. 5 + 5
45. 2 + 6
46. 0 + 10
47. 9 + 6
48. 8 + 1
49. 1 + 2
50. 7 + 1
51. 4 + 5
52. 1 + 4
53. 0 + 9
54. 10 + 10
55. 4 + 8
56. 0 + 8
57. 5 + 7
58. 7 + 10
59. 5 + 4
60. 4 + 8

Test 18

Name: _____ Date: _____

Teacher: _____ Score: ___/60 Time: ___:___

1. 4 + 8
2. 7 + 1
3. 0 + 0
4. 3 + 4
5. 6 + 6
6. 2 + 7

7. 0 + 1
8. 10 + 10
9. 4 + 6
10. 5 + 2
11. 9 + 3
12. 7 + 6

13. 6 + 2
14. 0 + 8
15. 9 + 9
16. 5 + 3
17. 2 + 0
18. 7 + 4

19. 0 + 5
20. 9 + 6
21. 9 + 3
22. 1 + 2
23. 3 + 4
24. 4 + 5

25. 2 + 8
26. 7 + 2
27. 7 + 3
28. 4 + 3
29. 8 + 1
30. 5 + 6

31. 1 + 0
32. 3 + 4
33. 10 + 4
34. 3 + 8
35. 0 + 5
36. 6 + 10

37. 6 + 7
38. 0 + 9
39. 1 + 5
40. 5 + 8
41. 8 + 0
42. 7 + 5

43. 3 + 7
44. 4 + 10
45. 9 + 9
46. 1 + 1
47. 6 + 0
48. 8 + 2

49. 10 + 9
50. 8 + 3
51. 8 + 9
52. 1 + 0
53. 10 + 4
54. 2 + 5

55. 1 + 10
56. 4 + 1
57. 9 + 7
58. 10 + 10
59. 5 + 1
60. 5 + 9

Test 19

Name: _____   Date: ____
Teacher: _____   Score: ___/60   Time: ___:___

1. 7 + 7
2. 1 + 6
3. 7 + 0
4. 6 + 7
5. 6 + 10
6. 0 + 8

7. 1 + 10
8. 5 + 2
9. 9 + 6
10. 3 + 8
11. 5 + 9
12. 3 + 4

13. 6 + 4
14. 8 + 4
15. 1 + 5
16. 9 + 3
17. 2 + 8
18. 1 + 10

19. 6 + 5
20. 8 + 0
21. 9 + 6
22. 6 + 1
23. 1 + 2
24. 7 + 1

25. 5 + 10
26. 10 + 2
27. 0 + 9
28. 3 + 2
29. 8 + 6
30. 2 + 7

31. 4 + 4
32. 8 + 0
33. 9 + 2
34. 2 + 9
35. 3 + 5
36. 9 + 3

37. 6 + 4
38. 5 + 6
39. 3 + 7
40. 0 + 7
41. 4 + 5
42. 7 + 7

43. 2 + 8
44. 7 + 10
45. 0 + 1
46. 7 + 5
47. 10 + 9
48. 4 + 1

49. 0 + 6
50. 8 + 9
51. 9 + 1
52. 0 + 3
53. 4 + 3
54. 4 + 2

55. 10 + 3
56. 5 + 9
57. 2 + 4
58. 2 + 1
59. 10 + 5
60. 1 + 3

Test 20

Name: _____ Date: ____

Teacher: _____ Score: ___/60 Time: ___:___

1. 3 + 8
2. 5 + 10
3. 10 + 10
4. 12 + 3
5. 2 + 6
6. 11 + 6

7. 7 + 1
8. 1 + 11
9. 4 + 6
10. 1 + 3
11. 9 + 12
12. 4 + 2

13. 13 + 9
14. 13 + 11
15. 3 + 4
16. 15 + 13
17. 4 + 9
18. 6 + 7

19. 10 + 10
20. 5 + 0
21. 8 + 15
22. 13 + 15
23. 6 + 13
24. 8 + 5

25. 8 + 15
26. 12 + 4
27. 1 + 1
28. 11 + 7
29. 0 + 8
30. 11 + 12

31. 11 + 14
32. 7 + 7
33. 15 + 2
34. 4 + 13
35. 0 + 12
36. 12 + 1

37. 13 + 7
38. 12 + 2
39. 14 + 11
40. 14 + 8
41. 2 + 13
42. 9 + 14

43. 10 + 12
44. 5 + 2
45. 9 + 9
46. 3 + 0
47. 9 + 15
48. 6 + 0

49. 8 + 11
50. 7 + 8
51. 7 + 3
52. 6 + 5
53. 1 + 3
54. 0 + 10

55. 0 + 9
56. 10 + 5
57. 14 + 6
58. 2 + 1
59. 2 + 5
60. 5 + 14

Test 21

Name: _____ Date: ____

Teacher: _____   Score: ___/60 Time: ___:___

1. 0 + 10
2. 2 + 11
3. 9 + 0
4. 6 + 2
5. 6 + 4
6. 2 + 8

7. 2 + 6
8. 4 + 5
9. 14 + 3
10. 1 + 15
11. 15 + 6
12. 8 + 1

13. 15 + 15
14. 9 + 11
15. 4 + 10
16. 0 + 2
17. 8 + 13
18. 1 + 7

19. 12 + 14
20. 5 + 2
21. 10 + 11
22. 3 + 13
23. 11 + 13
24. 15 + 6

25. 11 + 8
26. 0 + 3
27. 5 + 3
28. 11 + 10
29. 3 + 12
30. 14 + 11

31. 10 + 14
32. 12 + 10
33. 13 + 7
34. 14 + 12
35. 10 + 7
36. 6 + 1

37. 13 + 1
38. 0 + 9
39. 2 + 4
40. 7 + 4
41. 1 + 12
42. 12 + 5

43. 6 + 14
44. 5 + 4
45. 11 + 0
46. 14 + 9
47. 7 + 9
48. 7 + 3

49. 4 + 9
50. 10 + 14
51. 1 + 8
52. 15 + 1
53. 13 + 15
54. 12 + 13

55. 8 + 15
56. 4 + 2
57. 3 + 5
58. 9 + 7
59. 9 + 8
60. 7 + 0

Test 22

Name: _____   Date: ____

Teacher: _____   Score: ___/60   Time: ___:___

1. 10 + 2
2. 6 + 11
3. 4 + 6
4. 12 + 0
5. 12 + 12
6. 0 + 5

7. 7 + 11
8. 13 + 2
9. 2 + 14
10. 1 + 1
11. 3 + 8
12. 7 + 1

13. 8 + 14
14. 5 + 8
15. 0 + 15
16. 10 + 5
17. 2 + 15
18. 6 + 7

19. 13 + 14
20. 3 + 15
21. 7 + 3
22. 10 + 15
23. 11 + 5
24. 8 + 9

25. 11 + 9
26. 14 + 13
27. 10 + 12
28. 1 + 10
29. 9 + 10
30. 15 + 7

31. 12 + 12
32. 14 + 3
33. 6 + 13
34. 9 + 13
35. 0 + 8
36. 2 + 3

37. 5 + 14
38. 9 + 4
39. 6 + 11
40. 15 + 1
41. 5 + 6
42. 7 + 13

43. 11 + 4
44. 2 + 7
45. 9 + 0
46. 4 + 1
47. 11 + 11
48. 5 + 10

49. 3 + 7
50. 14 + 2
51. 13 + 9
52. 1 + 3
53. 4 + 8
54. 3 + 12

55. 12 + 0
56. 8 + 10
57. 15 + 0
58. 0 + 5
59. 8 + 6
60. 1 + 6

Test 23

Name: _____   Date: _____

Teacher: _____   Score: ___/60 Time: ___:___

1. 11 + 9
2. 15 + 2
3. 1 + 10
4. 5 + 2
5. 3 + 3
6. 2 + 4

7. 6 + 8
8. 14 + 1
9. 10 + 10
10. 12 + 11
11. 11 + 7
12. 6 + 14

13. 0 + 0
14. 7 + 9
15. 9 + 0
16. 5 + 1
17. 12 + 8
18. 14 + 12

19. 12 + 4
20. 5 + 11
21. 4 + 3
22. 1 + 14
23. 4 + 0
24. 9 + 0

25. 0 + 5
26. 10 + 11
27. 1 + 13
28. 8 + 7
29. 14 + 5
30. 15 + 6

31. 2 + 15
32. 12 + 5
33. 13 + 2
34. 0 + 2
35. 9 + 9
36. 8 + 12

37. 2 + 13
38. 15 + 12
39. 9 + 14
40. 7 + 15
41. 8 + 6
42. 0 + 3

43. 8 + 9
44. 3 + 8
45. 6 + 10
46. 3 + 7
47. 11 + 5
48. 6 + 4

49. 4 + 1
50. 13 + 3
51. 2 + 10
52. 13 + 7
53. 14 + 8
54. 10 + 14

55. 3 + 12
56. 5 + 13
57. 10 + 11
58. 15 + 15
59. 13 + 6
60. 7 + 15

Test 24

Name: _____   Date: ____

Teacher: _____   Score: ___/60   Time: ___:___

1. 8 + 7
2. 7 + 2
3. 14 + 0
4. 13 + 11
5. 14 + 5
6. 15 + 7

7. 0 + 6
8. 8 + 9
9. 9 + 15
10. 13 + 8
11. 5 + 11
12. 3 + 0

13. 14 + 3
14. 8 + 13
15. 6 + 13
16. 4 + 13
17. 7 + 5
18. 1 + 13

19. 9 + 1
20. 6 + 14
21. 11 + 1
22. 11 + 15
23. 14 + 2
24. 2 + 6

25. 10 + 12
26. 11 + 7
27. 3 + 8
28. 15 + 3
29. 10 + 4
30. 5 + 15

31. 5 + 1
32. 6 + 3
33. 10 + 11
34. 2 + 9
35. 5 + 9
36. 3 + 10

37. 1 + 11
38. 15 + 12
39. 0 + 1
40. 8 + 4
41. 6 + 14
42. 2 + 3

43. 1 + 8
44. 7 + 12
45. 12 + 14
46. 7 + 5
47. 3 + 4
48. 0 + 15

49. 13 + 0
50. 13 + 2
51. 12 + 4
52. 15 + 12
53. 4 + 9
54. 0 + 6

55. 11 + 6
56. 1 + 10
57. 4 + 5
58. 9 + 14
59. 12 + 10
60. 10 + 7

Test 25

Name: _____ Date: ____

Teacher: _____ Score: ___/60 Time: ___:___

1. 1 + 7
2. 3 + 6
3. 5 + 3
4. 13 + 0
5. 1 + 2
6. 15 + 5

7. 9 + 12
8. 7 + 6
9. 6 + 8
10. 7 + 15
11. 10 + 7
12. 11 + 11

13. 8 + 14
14. 9 + 9
15. 0 + 5
16. 2 + 1
17. 15 + 11
18. 14 + 11

19. 12 + 13
20. 4 + 3
21. 8 + 4
22. 0 + 15
23. 14 + 4
24. 12 + 4

25. 6 + 12
26. 15 + 1
27. 1 + 6
28. 0 + 9
29. 4 + 11
30. 3 + 5

31. 5 + 14
32. 1 + 2
33. 13 + 0
34. 4 + 12
35. 9 + 0
36. 10 + 2

37. 3 + 10
38. 2 + 2
39. 7 + 1
40. 11 + 8
41. 2 + 1
42. 7 + 0

43. 15 + 14
44. 8 + 12
45. 6 + 9
46. 14 + 3
47. 14 + 6
48. 12 + 15

49. 2 + 7
50. 11 + 3
51. 0 + 8
52. 3 + 10
53. 13 + 13
54. 10 + 4

55. 5 + 15
56. 9 + 9
57. 8 + 5
58. 4 + 7
59. 13 + 13
60. 5 + 13

Test 26

Name: _____   Date: ____

Teacher: _____   Score: ___/60   Time: ___:___

1. 11 + 14
2. 15 + 5
3. 2 + 9
4. 10 + 12
5. 2 + 4
6. 10 + 12

7. 4 + 11
8. 12 + 10
9. 2 + 9
10. 9 + 11
11. 0 + 6
12. 1 + 13

13. 4 + 6
14. 2 + 12
15. 0 + 3
16. 6 + 9
17. 6 + 4
18. 9 + 11

19. 9 + 2
20. 3 + 14
21. 9 + 14
22. 0 + 2
23. 14 + 14
24. 3 + 5

25. 7 + 3
26. 7 + 8
27. 10 + 8
28. 8 + 0
29. 4 + 4
30. 8 + 13

31. 6 + 13
32. 11 + 1
33. 4 + 9
34. 11 + 15
35. 5 + 15
36. 12 + 15

37. 15 + 7
38. 12 + 10
39. 15 + 2
40. 13 + 10
41. 14 + 6
42. 7 + 5

43. 8 + 7
44. 13 + 10
45. 5 + 0
46. 3 + 11
47. 13 + 6
48. 1 + 12

49. 3 + 8
50. 10 + 1
51. 13 + 4
52. 15 + 8
53. 5 + 7
54. 1 + 3

55. 1 + 0
56. 6 + 5
57. 14 + 0
58. 11 + 3
59. 0 + 15
60. 5 + 7

Test 27

Name: _____ Date: _____

Teacher: _____ Score: ___/60 Time: ___:___

1. $4 + 8$
2. $3 + 10$
3. $5 + 0$
4. $6 + 1$
5. $13 + 11$
6. $0 + 6$

7. $9 + 6$
8. $12 + 15$
9. $15 + 6$
10. $9 + 15$
11. $2 + 5$
12. $8 + 14$

13. $8 + 0$
14. $11 + 11$
15. $0 + 0$
16. $4 + 13$
17. $9 + 7$
18. $12 + 5$

19. $2 + 4$
20. $0 + 3$
21. $8 + 10$
22. $14 + 14$
23. $10 + 8$
24. $9 + 7$

25. $6 + 12$
26. $10 + 5$
27. $3 + 9$
28. $8 + 2$
29. $6 + 2$
30. $15 + 2$

31. $14 + 14$
32. $7 + 1$
33. $10 + 1$
34. $11 + 9$
35. $14 + 13$
36. $1 + 3$

37. $13 + 5$
38. $1 + 9$
39. $11 + 1$
40. $12 + 8$
41. $4 + 3$
42. $14 + 3$

43. $1 + 2$
44. $13 + 4$
45. $15 + 7$
46. $11 + 12$
47. $3 + 15$
48. $2 + 0$

49. $7 + 14$
50. $5 + 13$
51. $13 + 9$
52. $5 + 4$
53. $0 + 4$
54. $5 + 7$

55. $1 + 15$
56. $3 + 13$
57. $15 + 6$
58. $4 + 11$
59. $7 + 10$
60. $7 + 12$

Test 28

Name: _____   Date: ____

Teacher: _____   Score: ___/60   Time: ___:___

1. 10 + 5
2. 13 + 6
3. 3 + 5
4. 7 + 10
5. 3 + 10
6. 14 + 1

7. 8 + 13
8. 6 + 13
9. 2 + 2
10. 9 + 2
11. 12 + 9
12. 2 + 13

13. 12 + 15
14. 14 + 12
15. 2 + 5
16. 4 + 14
17. 15 + 12
18. 12 + 10

19. 6 + 14
20. 5 + 0
21. 8 + 12
22. 7 + 10
23. 13 + 6
24. 12 + 14

25. 0 + 11
26. 4 + 15
27. 15 + 8
28. 9 + 11
29. 11 + 2
30. 7 + 8

31. 10 + 7
32. 2 + 9
33. 15 + 0
34. 5 + 1
35. 1 + 0
36. 15 + 4

37. 13 + 1
38. 13 + 14
39. 0 + 3
40. 11 + 5
41. 4 + 4
42. 0 + 2

43. 7 + 8
44. 9 + 7
45. 6 + 11
46. 10 + 4
47. 4 + 7
48. 9 + 12

49. 5 + 3
50. 3 + 9
51. 8 + 0
52. 11 + 1
53. 6 + 6
54. 8 + 7

55. 1 + 13
56. 1 + 3
57. 11 + 11
58. 5 + 15
59. 10 + 9
60. 3 + 15

Test 29

Name: _____ Date: _____

Teacher: _____ Score: ____/60 Time: ____:____

1. 12 + 11
2. 5 + 10
3. 2 + 7
4. 12 + 10
5. 7 + 5
6. 8 + 7

7. 13 + 4
8. 13 + 6
9. 3 + 12
10. 14 + 0
11. 15 + 9
12. 0 + 10

13. 2 + 6
14. 6 + 14
15. 6 + 13
16. 5 + 13
17. 6 + 1
18. 12 + 14

19. 8 + 13
20. 1 + 3
21. 4 + 5
22. 7 + 14
23. 12 + 4
24. 14 + 6

25. 8 + 3
26. 11 + 4
27. 9 + 15
28. 4 + 4
29. 13 + 7
30. 8 + 8

31. 13 + 2
32. 1 + 5
33. 10 + 10
34. 11 + 11
35. 3 + 0
36. 10 + 14

37. 5 + 1
38. 4 + 5
39. 1 + 12
40. 15 + 7
41. 11 + 1
42. 2 + 2

43. 6 + 3
44. 10 + 11
45. 10 + 2
46. 15 + 8
47. 14 + 8
48. 9 + 12

49. 14 + 12
50. 7 + 2
51. 2 + 3
52. 3 + 15
53. 5 + 0
54. 9 + 8

55. 3 + 9
56. 0 + 6
57. 4 + 9
58. 0 + 13
59. 7 + 11
60. 0 + 1

Test 30

Name: _____ Date: ____

Teacher: _____ Score: ___/60 Time: ___:___

1. 13 + 19
2. 14 + 15
3. 9 + 11
4. 3 + 18
5. 17 + 4
6. 5 + 4

7. 18 + 9
8. 2 + 2
9. 3 + 20
10. 13 + 8
11. 5 + 9
12. 18 + 6

13. 0 + 14
14. 1 + 20
15. 8 + 5
16. 18 + 11
17. 2 + 12
18. 8 + 16

19. 7 + 16
20. 11 + 12
21. 5 + 17
22. 11 + 8
23. 6 + 16
24. 8 + 11

25. 4 + 7
26. 7 + 2
27. 15 + 17
28. 16 + 6
29. 10 + 0
30. 12 + 15

31. 15 + 5
32. 16 + 20
33. 7 + 4
34. 6 + 1
35. 17 + 19
36. 17 + 18

37. 12 + 2
38. 1 + 14
39. 9 + 7
40. 0 + 10
41. 20 + 0
42. 2 + 13

43. 0 + 19
44. 1 + 3
45. 12 + 9
46. 20 + 10
47. 20 + 14
48. 13 + 3

49. 19 + 17
50. 14 + 15
51. 11 + 10
52. 10 + 1
53. 19 + 13
54. 16 + 3

55. 4 + 7
56. 19 + 1
57. 4 + 13
58. 10 + 8
59. 6 + 12
60. 15 + 5

Test 31

Name: _____ Date: ____

Teacher: _____ Score: ___/60 Time: ___:___

1. 0 + 17
2. 16 + 8
3. 3 + 17
4. 4 + 2
5. 6 + 15
6. 14 + 1

7. 20 + 2
8. 8 + 6
9. 0 + 12
10. 17 + 10
11. 19 + 17
12. 1 + 14

13. 6 + 4
14. 5 + 3
15. 4 + 0
16. 15 + 5
17. 2 + 11
18. 0 + 20

19. 3 + 13
20. 20 + 2
21. 20 + 13
22. 1 + 0
23. 17 + 6
24. 14 + 15

25. 13 + 15
26. 5 + 6
27. 15 + 9
28. 1 + 5
29. 12 + 19
30. 7 + 8

31. 14 + 4
32. 2 + 1
33. 13 + 7
34. 11 + 19
35. 18 + 1
36. 18 + 20

37. 10 + 16
38. 7 + 13
39. 12 + 11
40. 9 + 3
41. 8 + 19
42. 5 + 0

43. 7 + 11
44. 4 + 16
45. 16 + 18
46. 11 + 9
47. 17 + 7
48. 9 + 18

49. 12 + 3
50. 19 + 16
51. 8 + 18
52. 10 + 4
53. 16 + 7
54. 9 + 20

55. 3 + 14
56. 13 + 10
57. 19 + 12
58. 15 + 12
59. 6 + 5
60. 10 + 9

Test 32

Name: _____ Date: _____

Teacher: _____ Score: ___/60 Time: ___:___

1. 9 + 9
2. 0 + 6
3. 2 + 11
4. 16 + 15
5. 19 + 1
6. 20 + 20

7. 19 + 17
8. 8 + 0
9. 19 + 3
10. 7 + 6
11. 3 + 16
12. 0 + 0

13. 6 + 19
14. 11 + 1
15. 15 + 16
16. 1 + 7
17. 20 + 4
18. 13 + 19

19. 8 + 12
20. 6 + 10
21. 3 + 9
22. 4 + 8
23. 5 + 9
24. 7 + 11

25. 18 + 8
26. 12 + 19
27. 20 + 5
28. 12 + 0
29. 14 + 2
30. 17 + 16

31. 8 + 7
32. 10 + 3
33. 16 + 17
34. 2 + 14
35. 14 + 18
36. 17 + 11

37. 18 + 2
38. 4 + 18
39. 9 + 13
40. 13 + 20
41. 9 + 10
42. 4 + 8

43. 7 + 3
44. 16 + 15
45. 5 + 14
46. 15 + 2
47. 18 + 13
48. 17 + 1

49. 11 + 6
50. 10 + 5
51. 0 + 14
52. 5 + 12
53. 2 + 12
54. 13 + 7

55. 1 + 17
56. 12 + 4
57. 14 + 13
58. 3 + 10
59. 15 + 15
60. 10 + 5

Test 33

Name: _____   Date: _____

Teacher: _____   Score: ___/60   Time: ___:___

1. $\begin{array}{r}9\\+\ 19\\\hline\end{array}$
2. $\begin{array}{r}10\\+\ 13\\\hline\end{array}$
3. $\begin{array}{r}19\\+\ 20\\\hline\end{array}$
4. $\begin{array}{r}2\\+\ 6\\\hline\end{array}$
5. $\begin{array}{r}8\\+\ 15\\\hline\end{array}$
6. $\begin{array}{r}0\\+\ 18\\\hline\end{array}$

7. $\begin{array}{r}0\\+\ 17\\\hline\end{array}$
8. $\begin{array}{r}15\\+\ 13\\\hline\end{array}$
9. $\begin{array}{r}8\\+\ 11\\\hline\end{array}$
10. $\begin{array}{r}12\\+\ 19\\\hline\end{array}$
11. $\begin{array}{r}3\\+\ 0\\\hline\end{array}$
12. $\begin{array}{r}5\\+\ 8\\\hline\end{array}$

13. $\begin{array}{r}16\\+\ 3\\\hline\end{array}$
14. $\begin{array}{r}3\\+\ 14\\\hline\end{array}$
15. $\begin{array}{r}6\\+\ 18\\\hline\end{array}$
16. $\begin{array}{r}9\\+\ 15\\\hline\end{array}$
17. $\begin{array}{r}16\\+\ 3\\\hline\end{array}$
18. $\begin{array}{r}12\\+\ 9\\\hline\end{array}$

19. $\begin{array}{r}11\\+\ 10\\\hline\end{array}$
20. $\begin{array}{r}1\\+\ 0\\\hline\end{array}$
21. $\begin{array}{r}4\\+\ 4\\\hline\end{array}$
22. $\begin{array}{r}15\\+\ 9\\\hline\end{array}$
23. $\begin{array}{r}7\\+\ 4\\\hline\end{array}$
24. $\begin{array}{r}4\\+\ 12\\\hline\end{array}$

25. $\begin{array}{r}0\\+\ 16\\\hline\end{array}$
26. $\begin{array}{r}8\\+\ 10\\\hline\end{array}$
27. $\begin{array}{r}19\\+\ 17\\\hline\end{array}$
28. $\begin{array}{r}1\\+\ 0\\\hline\end{array}$
29. $\begin{array}{r}20\\+\ 1\\\hline\end{array}$
30. $\begin{array}{r}14\\+\ 5\\\hline\end{array}$

31. $\begin{array}{r}20\\+\ 4\\\hline\end{array}$
32. $\begin{array}{r}20\\+\ 2\\\hline\end{array}$
33. $\begin{array}{r}13\\+\ 12\\\hline\end{array}$
34. $\begin{array}{r}1\\+\ 13\\\hline\end{array}$
35. $\begin{array}{r}18\\+\ 6\\\hline\end{array}$
36. $\begin{array}{r}10\\+\ 2\\\hline\end{array}$

37. $\begin{array}{r}4\\+\ 16\\\hline\end{array}$
38. $\begin{array}{r}2\\+\ 10\\\hline\end{array}$
39. $\begin{array}{r}5\\+\ 8\\\hline\end{array}$
40. $\begin{array}{r}10\\+\ 9\\\hline\end{array}$
41. $\begin{array}{r}2\\+\ 14\\\hline\end{array}$
42. $\begin{array}{r}5\\+\ 20\\\hline\end{array}$

43. $\begin{array}{r}11\\+\ 15\\\hline\end{array}$
44. $\begin{array}{r}14\\+\ 11\\\hline\end{array}$
45. $\begin{array}{r}17\\+\ 1\\\hline\end{array}$
46. $\begin{array}{r}18\\+\ 2\\\hline\end{array}$
47. $\begin{array}{r}19\\+\ 11\\\hline\end{array}$
48. $\begin{array}{r}9\\+\ 17\\\hline\end{array}$

49. $\begin{array}{r}13\\+\ 7\\\hline\end{array}$
50. $\begin{array}{r}3\\+\ 12\\\hline\end{array}$
51. $\begin{array}{r}15\\+\ 1\\\hline\end{array}$
52. $\begin{array}{r}16\\+\ 5\\\hline\end{array}$
53. $\begin{array}{r}13\\+\ 16\\\hline\end{array}$
54. $\begin{array}{r}11\\+\ 8\\\hline\end{array}$

55. $\begin{array}{r}14\\+\ 6\\\hline\end{array}$
56. $\begin{array}{r}17\\+\ 7\\\hline\end{array}$
57. $\begin{array}{r}17\\+\ 14\\\hline\end{array}$
58. $\begin{array}{r}12\\+\ 3\\\hline\end{array}$
59. $\begin{array}{r}6\\+\ 5\\\hline\end{array}$
60. $\begin{array}{r}6\\+\ 19\\\hline\end{array}$

Test 34

Name: _____   Date: ____

Teacher: _____   Score: ___/60   Time: ___:___

1. 16 + 4   2. 5 + 0   3. 6 + 20   4. 17 + 19   5. 4 + 15   6. 4 + 8

7. 14 + 2   8. 14 + 7   9. 15 + 10   10. 20 + 2   11. 5 + 16   12. 9 + 13

13. 16 + 6   14. 12 + 5   15. 9 + 8   16. 20 + 5   17. 13 + 10   18. 3 + 3

19. 17 + 14   20. 6 + 7   21. 1 + 12   22. 12 + 7   23. 2 + 16   24. 10 + 0

25. 8 + 14   26. 8 + 9   27. 2 + 15   28. 20 + 12   29. 6 + 17   30. 15 + 9

31. 11 + 9   32. 7 + 13   33. 14 + 6   34. 3 + 17   35. 17 + 3   36. 10 + 18

37. 18 + 16   38. 8 + 13   39. 0 + 18   40. 13 + 0   41. 13 + 20   42. 19 + 15

43. 18 + 3   44. 16 + 8   45. 15 + 1   46. 4 + 20   47. 18 + 6   48. 1 + 1

49. 3 + 5   50. 2 + 2   51. 7 + 4   52. 0 + 4   53. 7 + 12   54. 5 + 19

55. 11 + 17   56. 1 + 18   57. 0 + 11   58. 9 + 11   59. 19 + 19   60. 10 + 1

Test 35

Name: _____   Date: _____

Teacher: _____   Score: ___/60   Time: ___:___

1. 20 + 20
2. 14 + 12
3. 17 + 20
4. 7 + 13
5. 13 + 8
6. 19 + 9

7. 4 + 5
8. 11 + 3
9. 10 + 10
10. 20 + 2
11. 14 + 8
12. 7 + 14

13. 0 + 18
14. 1 + 16
15. 9 + 18
16. 1 + 3
17. 17 + 2
18. 9 + 17

19. 5 + 4
20. 13 + 6
21. 7 + 9
22. 6 + 16
23. 4 + 10
24. 10 + 12

25. 18 + 5
26. 2 + 6
27. 16 + 7
28. 18 + 0
29. 15 + 15
30. 6 + 2

31. 6 + 16
32. 8 + 5
33. 5 + 7
34. 5 + 13
35. 8 + 7
36. 10 + 12

37. 15 + 11
38. 12 + 11
39. 14 + 4
40. 12 + 0
41. 19 + 14
42. 11 + 19

43. 20 + 4
44. 0 + 19
45. 16 + 13
46. 8 + 6
47. 19 + 3
48. 3 + 17

49. 1 + 20
50. 18 + 17
51. 9 + 1
52. 15 + 0
53. 2 + 14
54. 16 + 9

55. 12 + 8
56. 3 + 15
57. 0 + 1
58. 2 + 19
59. 11 + 18
60. 3 + 15

Test 36

Name: _____ Date: _____

Teacher: _____ Score: ___/60 Time: ___:___

1. 3 + 12
2. 7 + 17
3. 16 + 15
4. 4 + 13
5. 10 + 4
6. 13 + 3

7. 12 + 18
8. 18 + 4
9. 10 + 5
10. 14 + 19
11. 9 + 1
12. 6 + 20

13. 15 + 2
14. 11 + 20
15. 2 + 2
16. 10 + 1
17. 1 + 6
18. 14 + 10

19. 14 + 9
20. 5 + 17
21. 20 + 0
22. 6 + 3
23. 0 + 17
24. 9 + 15

25. 8 + 0
26. 0 + 11
27. 20 + 5
28. 6 + 6
29. 19 + 14
30. 20 + 8

31. 12 + 7
32. 1 + 16
33. 16 + 7
34. 2 + 15
35. 15 + 2
36. 11 + 20

37. 5 + 14
38. 13 + 13
39. 3 + 5
40. 19 + 7
41. 4 + 0
42. 8 + 1

43. 0 + 19
44. 18 + 13
45. 12 + 16
46. 7 + 8
47. 17 + 12
48. 17 + 11

49. 2 + 16
50. 7 + 12
51. 5 + 9
52. 16 + 19
53. 11 + 10
54. 19 + 4

55. 1 + 8
56. 18 + 11
57. 4 + 18
58. 13 + 18
59. 15 + 3
60. 3 + 6

Test 37

Name: _____ Date: _____

Teacher: _____   Score: ___/60   Time: ___:___

1. 10 + 20
2. 6 + 11
3. 2 + 17
4. 9 + 1
5. 12 + 15
6. 7 + 7

7. 7 + 1
8. 2 + 13
9. 1 + 14
10. 17 + 3
11. 0 + 6
12. 17 + 3

13. 20 + 17
14. 6 + 20
15. 0 + 5
16. 4 + 7
17. 5 + 5
18. 15 + 16

19. 11 + 6
20. 16 + 13
21. 14 + 8
22. 3 + 14
23. 2 + 8
24. 13 + 18

25. 10 + 11
26. 5 + 4
27. 12 + 2
28. 4 + 11
29. 13 + 17
30. 9 + 10

31. 3 + 2
32. 20 + 19
33. 19 + 4
34. 3 + 6
35. 7 + 15
36. 8 + 1

37. 4 + 13
38. 17 + 16
39. 5 + 19
40. 18 + 8
41. 11 + 16
42. 0 + 18

43. 1 + 7
44. 19 + 9
45. 16 + 19
46. 16 + 0
47. 18 + 3
48. 19 + 9

49. 15 + 4
50. 10 + 0
51. 6 + 18
52. 14 + 5
53. 9 + 12
54. 20 + 2

55. 12 + 15
56. 8 + 12
57. 11 + 14
58. 14 + 10
59. 15 + 10
60. 1 + 0

Test 38

Name: _____ Date: _____

Teacher: _____ Score: ___/60 Time: ___:___

1. 17 + 17
2. 8 + 19
3. 14 + 13
4. 17 + 12
5. 0 + 15
6. 12 + 8

7. 1 + 3
8. 0 + 7
9. 7 + 4
10. 5 + 9
11. 3 + 6
12. 0 + 15

13. 6 + 4
14. 6 + 6
15. 18 + 5
16. 16 + 14
17. 6 + 1
18. 10 + 8

19. 13 + 17
20. 11 + 12
21. 20 + 10
22. 15 + 0
23. 8 + 12
24. 4 + 20

25. 9 + 3
26. 15 + 18
27. 1 + 0
28. 3 + 8
29. 10 + 10
30. 19 + 11

31. 4 + 7
32. 2 + 14
33. 14 + 11
34. 13 + 2
35. 2 + 9
36. 15 + 13

37. 1 + 4
38. 9 + 6
39. 20 + 18
40. 7 + 0
41. 11 + 5
42. 18 + 20

43. 14 + 2
44. 17 + 9
45. 7 + 11
46. 18 + 10
47. 5 + 20
48. 16 + 15

49. 12 + 3
50. 8 + 13
51. 2 + 1
52. 20 + 16
53. 3 + 1
54. 10 + 16

55. 9 + 16
56. 4 + 5
57. 13 + 17
58. 5 + 7
59. 11 + 19
60. 19 + 14

Test 39

Name: _____   Date: _____

Teacher: _____   Score: ___/60   Time: ___:___

1. 16 + 13
2. 3 + 11
3. 19 + 3
4. 5 + 5
5. 6 + 9
6. 8 + 6

7. 18 + 7
8. 17 + 19
9. 2 + 17
10. 14 + 4
11. 9 + 8
12. 0 + 19

13. 11 + 11
14. 20 + 7
15. 11 + 1
16. 10 + 12
17. 3 + 5
18. 16 + 10

19. 13 + 11
20. 4 + 0
21. 2 + 12
22. 20 + 16
23. 7 + 17
24. 3 + 10

25. 14 + 12
26. 17 + 19
27. 13 + 2
28. 6 + 8
29. 18 + 4
30. 15 + 10

31. 0 + 7
32. 19 + 8
33. 19 + 14
34. 14 + 5
35. 11 + 16
36. 9 + 13

37. 20 + 9
38. 12 + 18
39. 1 + 9
40. 5 + 18
41. 15 + 15
42. 0 + 16

43. 8 + 2
44. 13 + 0
45. 7 + 4
46. 17 + 20
47. 1 + 15
48. 8 + 6

49. 1 + 3
50. 4 + 20
51. 15 + 15
52. 10 + 13
53. 4 + 14
54. 9 + 18

55. 16 + 1
56. 6 + 20
57. 2 + 2
58. 18 + 0
59. 7 + 17
60. 10 + 1

Test 40

Name: _____   Date: _____

Teacher: _____   Score: ___/60 Time: __:__

1. 2
   -0

2. 5
   -2

3. 4
   -0

4. 4
   -3

5. 2
   -1

6. 2
   -0

7. 4
   -0

8. 5
   -3

9. 3
   -0

10. 4
   -3

11. 2
   -0

12. 4
   -3

13. 4
   -1

14. 3
   -0

15. 5
   -1

16. 5
   -3

17. 4
   -4

18. 5
   -2

19. 4
   -1

20. 1
   -0

21. 5
   -1

22. 5
   -2

23. 5
   -1

24. 2
   -0

25. 3
   -1

26. 5
   -2

27. 3
   -3

28. 1
   -0

29. 5
   -0

30. 2
   -1

31. 5
   -4

32. 3
   -3

33. 5
   -0

34. 4
   -0

35. 5
   -1

36. 5
   -0

37. 5
   -2

38. 4
   -1

39. 3
   -1

40. 2
   -0

41. 2
   -2

42. 0
   -0

43. 3
   -1

44. 2
   -0

45. 4
   -1

46. 5
   -4

47. 1
   -1

48. 2
   -0

49. 3
   -2

50. 4
   -3

51. 5
   -4

52. 5
   -3

53. 3
   -3

54. 4
   -3

55. 4
   -0

56. 4
   -2

57. 5
   -0

58. 4
   -2

59. 5
   -1

60. 3
   -2

Test 41

Name: _____ Date: _____

Teacher: _____ Score: ___/60 Time: ___:___

1. 3
   -3
___

2. 2
   -1
___

3. 3
   -0
___

4. 4
   -1
___

5. 5
   -2
___

6. 1
   -0
___

7. 3
   -1
___

8. 5
   -3
___

9. 3
   -0
___

10. 4
   -1
___

11. 5
   -0
___

12. 1
   -0
___

13. 1
   -1
___

14. 4
   -0
___

15. 5
   -3
___

16. 3
   -2
___

17. 2
   -1
___

18. 5
   -1
___

19. 1
   -1
___

20. 2
   -1
___

21. 4
   -0
___

22. 4
   -3
___

23. 4
   -2
___

24. 5
   -2
___

25. 3
   -0
___

26. 5
   -4
___

27. 4
   -3
___

28. 5
   -5
___

29. 4
   -0
___

30. 3
   -2
___

31. 3
   -0
___

32. 2
   -0
___

33. 5
   -1
___

34. 5
   -4
___

35. 5
   -0
___

36. 3
   -2
___

37. 5
   -2
___

38. 4
   -1
___

39. 3
   -0
___

40. 3
   -2
___

41. 4
   -2
___

42. 2
   -0
___

43. 3
   -2
___

44. 3
   -1
___

45. 5
   -4
___

46. 5
   -1
___

47. 5
   -4
___

48. 2
   -0
___

49. 4
   -3
___

50. 5
   -2
___

51. 1
   -0
___

52. 5
   -4
___

53. 3
   -2
___

54. 5
   -4
___

55. 4
   -2
___

56. 4
   -0
___

57. 2
   -1
___

58. 5
   -0
___

59. 2
   -1
___

60. 4
   -1
___

Test 42

Name: _____ Date: _____

Teacher: _____ Score: ___/60 Time: __:__

1. 5 − 1
2. 5 − 0
3. 1 − 0
4. 3 − 3
5. 3 − 2
6. 3 − 1
7. 5 − 0
8. 2 − 2
9. 5 − 1
10. 4 − 1
11. 0 − 0
12. 1 − 0
13. 3 − 3
14. 5 − 3
15. 3 − 2
16. 2 − 2
17. 2 − 0
18. 4 − 1
19. 2 − 1
20. 2 − 2
21. 5 − 2
22. 5 − 0
23. 4 − 3
24. 3 − 0
25. 4 − 3
26. 4 − 2
27. 1 − 0
28. 4 − 2
29. 3 − 0
30. 5 − 5
31. 5 − 2
32. 1 − 0
33. 2 − 1
34. 5 − 0
35. 4 − 1
36. 4 − 0
37. 5 − 4
38. 2 − 1
39. 4 − 3
40. 4 − 2
41. 5 − 0
42. 1 − 0
43. 5 − 4
44. 5 − 1
45. 3 − 1
46. 3 − 2
47. 3 − 3
48. 5 − 2
49. 4 − 2
50. 4 − 4
51. 3 − 0
52. 5 − 4
53. 3 − 2
54. 5 − 0
55. 4 − 1
56. 4 − 0
57. 4 − 1
58. 5 − 4
59. 4 − 2
60. 5 − 0

Test 43

Name: _____   Date: ____

Teacher: _____   Score: ___/60   Time: ___:___

1. $\begin{array}{r}3\\-\ 1\\\hline\end{array}$ 2. $\begin{array}{r}5\\-\ 0\\\hline\end{array}$ 3. $\begin{array}{r}3\\-\ 1\\\hline\end{array}$ 4. $\begin{array}{r}4\\-\ 0\\\hline\end{array}$ 5. $\begin{array}{r}5\\-\ 3\\\hline\end{array}$ 6. $\begin{array}{r}3\\-\ 1\\\hline\end{array}$

7. $\begin{array}{r}1\\-\ 0\\\hline\end{array}$ 8. $\begin{array}{r}3\\-\ 2\\\hline\end{array}$ 9. $\begin{array}{r}5\\-\ 4\\\hline\end{array}$ 10. $\begin{array}{r}5\\-\ 0\\\hline\end{array}$ 11. $\begin{array}{r}4\\-\ 0\\\hline\end{array}$ 12. $\begin{array}{r}5\\-\ 5\\\hline\end{array}$

13. $\begin{array}{r}5\\-\ 2\\\hline\end{array}$ 14. $\begin{array}{r}2\\-\ 0\\\hline\end{array}$ 15. $\begin{array}{r}4\\-\ 4\\\hline\end{array}$ 16. $\begin{array}{r}2\\-\ 1\\\hline\end{array}$ 17. $\begin{array}{r}2\\-\ 0\\\hline\end{array}$ 18. $\begin{array}{r}1\\-\ 0\\\hline\end{array}$

19. $\begin{array}{r}4\\-\ 1\\\hline\end{array}$ 20. $\begin{array}{r}3\\-\ 0\\\hline\end{array}$ 21. $\begin{array}{r}3\\-\ 2\\\hline\end{array}$ 22. $\begin{array}{r}2\\-\ 1\\\hline\end{array}$ 23. $\begin{array}{r}5\\-\ 2\\\hline\end{array}$ 24. $\begin{array}{r}3\\-\ 2\\\hline\end{array}$

25. $\begin{array}{r}5\\-\ 2\\\hline\end{array}$ 26. $\begin{array}{r}4\\-\ 1\\\hline\end{array}$ 27. $\begin{array}{r}3\\-\ 1\\\hline\end{array}$ 28. $\begin{array}{r}1\\-\ 0\\\hline\end{array}$ 29. $\begin{array}{r}4\\-\ 2\\\hline\end{array}$ 30. $\begin{array}{r}2\\-\ 0\\\hline\end{array}$

31. $\begin{array}{r}4\\-\ 0\\\hline\end{array}$ 32. $\begin{array}{r}5\\-\ 3\\\hline\end{array}$ 33. $\begin{array}{r}5\\-\ 4\\\hline\end{array}$ 34. $\begin{array}{r}4\\-\ 2\\\hline\end{array}$ 35. $\begin{array}{r}3\\-\ 3\\\hline\end{array}$ 36. $\begin{array}{r}4\\-\ 1\\\hline\end{array}$

37. $\begin{array}{r}3\\-\ 0\\\hline\end{array}$ 38. $\begin{array}{r}4\\-\ 1\\\hline\end{array}$ 39. $\begin{array}{r}4\\-\ 0\\\hline\end{array}$ 40. $\begin{array}{r}5\\-\ 3\\\hline\end{array}$ 41. $\begin{array}{r}5\\-\ 2\\\hline\end{array}$ 42. $\begin{array}{r}5\\-\ 3\\\hline\end{array}$

43. $\begin{array}{r}5\\-\ 0\\\hline\end{array}$ 44. $\begin{array}{r}4\\-\ 0\\\hline\end{array}$ 45. $\begin{array}{r}4\\-\ 1\\\hline\end{array}$ 46. $\begin{array}{r}2\\-\ 1\\\hline\end{array}$ 47. $\begin{array}{r}4\\-\ 3\\\hline\end{array}$ 48. $\begin{array}{r}1\\-\ 0\\\hline\end{array}$

49. $\begin{array}{r}2\\-\ 1\\\hline\end{array}$ 50. $\begin{array}{r}2\\-\ 0\\\hline\end{array}$ 51. $\begin{array}{r}5\\-\ 1\\\hline\end{array}$ 52. $\begin{array}{r}5\\-\ 2\\\hline\end{array}$ 53. $\begin{array}{r}2\\-\ 0\\\hline\end{array}$ 54. $\begin{array}{r}4\\-\ 4\\\hline\end{array}$

55. $\begin{array}{r}5\\-\ 1\\\hline\end{array}$ 56. $\begin{array}{r}5\\-\ 3\\\hline\end{array}$ 57. $\begin{array}{r}2\\-\ 0\\\hline\end{array}$ 58. $\begin{array}{r}3\\-\ 3\\\hline\end{array}$ 59. $\begin{array}{r}4\\-\ 3\\\hline\end{array}$ 60. $\begin{array}{r}3\\-\ 1\\\hline\end{array}$

Test 44

Name: _____   Date: _____

Teacher: _____   Score: ____/60   Time: ____ : ____

1. $\begin{array}{r}4\\-\ 1\\\hline\end{array}$
2. $\begin{array}{r}5\\-\ 0\\\hline\end{array}$
3. $\begin{array}{r}2\\-\ 0\\\hline\end{array}$
4. $\begin{array}{r}3\\-\ 0\\\hline\end{array}$
5. $\begin{array}{r}4\\-\ 0\\\hline\end{array}$
6. $\begin{array}{r}3\\-\ 2\\\hline\end{array}$

7. $\begin{array}{r}5\\-\ 4\\\hline\end{array}$
8. $\begin{array}{r}5\\-\ 3\\\hline\end{array}$
9. $\begin{array}{r}4\\-\ 1\\\hline\end{array}$
10. $\begin{array}{r}2\\-\ 0\\\hline\end{array}$
11. $\begin{array}{r}3\\-\ 1\\\hline\end{array}$
12. $\begin{array}{r}2\\-\ 1\\\hline\end{array}$

13. $\begin{array}{r}5\\-\ 1\\\hline\end{array}$
14. $\begin{array}{r}2\\-\ 0\\\hline\end{array}$
15. $\begin{array}{r}2\\-\ 2\\\hline\end{array}$
16. $\begin{array}{r}3\\-\ 1\\\hline\end{array}$
17. $\begin{array}{r}5\\-\ 2\\\hline\end{array}$
18. $\begin{array}{r}3\\-\ 2\\\hline\end{array}$

19. $\begin{array}{r}5\\-\ 1\\\hline\end{array}$
20. $\begin{array}{r}3\\-\ 3\\\hline\end{array}$
21. $\begin{array}{r}5\\-\ 3\\\hline\end{array}$
22. $\begin{array}{r}4\\-\ 2\\\hline\end{array}$
23. $\begin{array}{r}1\\-\ 0\\\hline\end{array}$
24. $\begin{array}{r}5\\-\ 2\\\hline\end{array}$

25. $\begin{array}{r}2\\-\ 0\\\hline\end{array}$
26. $\begin{array}{r}4\\-\ 3\\\hline\end{array}$
27. $\begin{array}{r}4\\-\ 1\\\hline\end{array}$
28. $\begin{array}{r}3\\-\ 2\\\hline\end{array}$
29. $\begin{array}{r}3\\-\ 1\\\hline\end{array}$
30. $\begin{array}{r}5\\-\ 4\\\hline\end{array}$

31. $\begin{array}{r}5\\-\ 3\\\hline\end{array}$
32. $\begin{array}{r}2\\-\ 0\\\hline\end{array}$
33. $\begin{array}{r}3\\-\ 1\\\hline\end{array}$
34. $\begin{array}{r}1\\-\ 0\\\hline\end{array}$
35. $\begin{array}{r}5\\-\ 1\\\hline\end{array}$
36. $\begin{array}{r}1\\-\ 0\\\hline\end{array}$

37. $\begin{array}{r}3\\-\ 3\\\hline\end{array}$
38. $\begin{array}{r}3\\-\ 2\\\hline\end{array}$
39. $\begin{array}{r}4\\-\ 0\\\hline\end{array}$
40. $\begin{array}{r}2\\-\ 1\\\hline\end{array}$
41. $\begin{array}{r}0\\-\ 0\\\hline\end{array}$
42. $\begin{array}{r}4\\-\ 3\\\hline\end{array}$

43. $\begin{array}{r}5\\-\ 3\\\hline\end{array}$
44. $\begin{array}{r}5\\-\ 4\\\hline\end{array}$
45. $\begin{array}{r}3\\-\ 3\\\hline\end{array}$
46. $\begin{array}{r}5\\-\ 4\\\hline\end{array}$
47. $\begin{array}{r}4\\-\ 4\\\hline\end{array}$
48. $\begin{array}{r}2\\-\ 0\\\hline\end{array}$

49. $\begin{array}{r}1\\-\ 0\\\hline\end{array}$
50. $\begin{array}{r}4\\-\ 0\\\hline\end{array}$
51. $\begin{array}{r}5\\-\ 1\\\hline\end{array}$
52. $\begin{array}{r}5\\-\ 0\\\hline\end{array}$
53. $\begin{array}{r}5\\-\ 4\\\hline\end{array}$
54. $\begin{array}{r}5\\-\ 1\\\hline\end{array}$

55. $\begin{array}{r}4\\-\ 0\\\hline\end{array}$
56. $\begin{array}{r}2\\-\ 1\\\hline\end{array}$
57. $\begin{array}{r}5\\-\ 2\\\hline\end{array}$
58. $\begin{array}{r}4\\-\ 2\\\hline\end{array}$
59. $\begin{array}{r}4\\-\ 0\\\hline\end{array}$
60. $\begin{array}{r}4\\-\ 3\\\hline\end{array}$

Test 45

Name: _____ Date: ____

Teacher: _____ Score: ___/60 Time: ___:___

1. 3 - 2 2. 4 - 3 3. 4 - 2 4. 4 - 3 5. 1 - 0 6. 2 - 1

7. 4 - 0 8. 3 - 0 9. 5 - 5 10. 5 - 2 11. 1 - 1 12. 1 - 0

13. 5 - 4 14. 4 - 1 15. 2 - 2 16. 5 - 1 17. 3 - 3 18. 2 - 1

19. 1 - 0 20. 5 - 5 21. 5 - 2 22. 3 - 1 23. 3 - 2 24. 2 - 0

25. 2 - 1 26. 4 - 4 27. 5 - 2 28. 5 - 1 29. 3 - 2 30. 0 - 0

31. 4 - 2 32. 5 - 0 33. 5 - 5 34. 5 - 1 35. 4 - 2 36. 0 - 0

37. 5 - 5 38. 3 - 1 39. 3 - 3 40. 4 - 1 41. 4 - 3 42. 3 - 2

43. 4 - 2 44. 5 - 0 45. 4 - 3 46. 3 - 2 47. 2 - 0 48. 4 - 4

49. 0 - 0 50. 5 - 0 51. 4 - 0 52. 5 - 1 53. 4 - 4 54. 3 - 1

55. 0 - 0 56. 2 - 2 57. 4 - 1 58. 3 - 0 59. 3 - 1 60. 4 - 3

Test 46

Name: _____   Date: _____

Teacher: _____   Score: ___/60   Time: ___:___

1. 5 − 1   2. 5 − 3   3. 5 − 0   4. 1 − 0   5. 3 − 1   6. 4 − 4

7. 1 − 0   8. 2 − 0   9. 4 − 3   10. 1 − 1   11. 4 − 4   12. 2 − 0

13. 5 − 1   14. 2 − 0   15. 1 − 1   16. 4 − 0   17. 2 − 2   18. 5 − 3

19. 5 − 4   20. 5 − 0   21. 4 − 3   22. 2 − 0   23. 3 − 0   24. 3 − 3

25. 4 − 2   26. 2 − 0   27. 5 − 3   28. 5 − 1   29. 5 − 3   30. 5 − 2

31. 5 − 4   32. 1 − 0   33. 3 − 2   34. 4 − 2   35. 3 − 0   36. 2 − 0

37. 4 − 2   38. 3 − 1   39. 4 − 1   40. 5 − 3   41. 3 − 1   42. 5 − 3

43. 3 − 2   44. 5 − 3   45. 4 − 4   46. 3 − 0   47. 1 − 0   48. 2 − 0

49. 4 − 3   50. 4 − 1   51. 5 − 1   52. 4 − 2   53. 1 − 0   54. 2 − 0

55. 5 − 5   56. 5 − 1   57. 2 − 0   58. 4 − 2   59. 4 − 1   60. 5 − 4

Test 47

Name: _____   Date: ____

Teacher: _____   Score: ___/60   Time: ___:___

1. $\begin{array}{r}5\\-\ 1\\\hline\end{array}$
2. $\begin{array}{r}4\\-\ 1\\\hline\end{array}$
3. $\begin{array}{r}1\\-\ 0\\\hline\end{array}$
4. $\begin{array}{r}5\\-\ 2\\\hline\end{array}$
5. $\begin{array}{r}4\\-\ 3\\\hline\end{array}$
6. $\begin{array}{r}5\\-\ 2\\\hline\end{array}$

7. $\begin{array}{r}4\\-\ 2\\\hline\end{array}$
8. $\begin{array}{r}3\\-\ 0\\\hline\end{array}$
9. $\begin{array}{r}5\\-\ 3\\\hline\end{array}$
10. $\begin{array}{r}3\\-\ 0\\\hline\end{array}$
11. $\begin{array}{r}1\\-\ 1\\\hline\end{array}$
12. $\begin{array}{r}2\\-\ 1\\\hline\end{array}$

13. $\begin{array}{r}5\\-\ 4\\\hline\end{array}$
14. $\begin{array}{r}3\\-\ 0\\\hline\end{array}$
15. $\begin{array}{r}3\\-\ 3\\\hline\end{array}$
16. $\begin{array}{r}5\\-\ 4\\\hline\end{array}$
17. $\begin{array}{r}3\\-\ 0\\\hline\end{array}$
18. $\begin{array}{r}4\\-\ 1\\\hline\end{array}$

19. $\begin{array}{r}4\\-\ 4\\\hline\end{array}$
20. $\begin{array}{r}4\\-\ 2\\\hline\end{array}$
21. $\begin{array}{r}3\\-\ 1\\\hline\end{array}$
22. $\begin{array}{r}4\\-\ 2\\\hline\end{array}$
23. $\begin{array}{r}5\\-\ 5\\\hline\end{array}$
24. $\begin{array}{r}3\\-\ 2\\\hline\end{array}$

25. $\begin{array}{r}4\\-\ 2\\\hline\end{array}$
26. $\begin{array}{r}3\\-\ 0\\\hline\end{array}$
27. $\begin{array}{r}2\\-\ 1\\\hline\end{array}$
28. $\begin{array}{r}3\\-\ 3\\\hline\end{array}$
29. $\begin{array}{r}5\\-\ 3\\\hline\end{array}$
30. $\begin{array}{r}4\\-\ 2\\\hline\end{array}$

31. $\begin{array}{r}0\\-\ 0\\\hline\end{array}$
32. $\begin{array}{r}3\\-\ 0\\\hline\end{array}$
33. $\begin{array}{r}1\\-\ 1\\\hline\end{array}$
34. $\begin{array}{r}3\\-\ 1\\\hline\end{array}$
35. $\begin{array}{r}0\\-\ 0\\\hline\end{array}$
36. $\begin{array}{r}5\\-\ 4\\\hline\end{array}$

37. $\begin{array}{r}2\\-\ 2\\\hline\end{array}$
38. $\begin{array}{r}4\\-\ 0\\\hline\end{array}$
39. $\begin{array}{r}0\\-\ 0\\\hline\end{array}$
40. $\begin{array}{r}4\\-\ 2\\\hline\end{array}$
41. $\begin{array}{r}2\\-\ 1\\\hline\end{array}$
42. $\begin{array}{r}2\\-\ 2\\\hline\end{array}$

43. $\begin{array}{r}5\\-\ 5\\\hline\end{array}$
44. $\begin{array}{r}4\\-\ 1\\\hline\end{array}$
45. $\begin{array}{r}0\\-\ 0\\\hline\end{array}$
46. $\begin{array}{r}1\\-\ 1\\\hline\end{array}$
47. $\begin{array}{r}3\\-\ 0\\\hline\end{array}$
48. $\begin{array}{r}3\\-\ 3\\\hline\end{array}$

49. $\begin{array}{r}1\\-\ 1\\\hline\end{array}$
50. $\begin{array}{r}3\\-\ 0\\\hline\end{array}$
51. $\begin{array}{r}3\\-\ 2\\\hline\end{array}$
52. $\begin{array}{r}5\\-\ 4\\\hline\end{array}$
53. $\begin{array}{r}5\\-\ 3\\\hline\end{array}$
54. $\begin{array}{r}5\\-\ 1\\\hline\end{array}$

55. $\begin{array}{r}2\\-\ 0\\\hline\end{array}$
56. $\begin{array}{r}4\\-\ 3\\\hline\end{array}$
57. $\begin{array}{r}5\\-\ 4\\\hline\end{array}$
58. $\begin{array}{r}5\\-\ 2\\\hline\end{array}$
59. $\begin{array}{r}2\\-\ 1\\\hline\end{array}$
60. $\begin{array}{r}5\\-\ 4\\\hline\end{array}$

Test 48

Name: _____   Date: _____

Teacher: _____   Score: ___/60   Time: ___:___

1. $\begin{array}{r} 4 \\ -\ 3 \\ \hline \end{array}$
2. $\begin{array}{r} 5 \\ -\ 1 \\ \hline \end{array}$
3. $\begin{array}{r} 1 \\ -\ 1 \\ \hline \end{array}$
4. $\begin{array}{r} 5 \\ -\ 4 \\ \hline \end{array}$
5. $\begin{array}{r} 4 \\ -\ 0 \\ \hline \end{array}$
6. $\begin{array}{r} 5 \\ -\ 0 \\ \hline \end{array}$

7. $\begin{array}{r} 3 \\ -\ 1 \\ \hline \end{array}$
8. $\begin{array}{r} 4 \\ -\ 3 \\ \hline \end{array}$
9. $\begin{array}{r} 4 \\ -\ 4 \\ \hline \end{array}$
10. $\begin{array}{r} 4 \\ -\ 1 \\ \hline \end{array}$
11. $\begin{array}{r} 3 \\ -\ 2 \\ \hline \end{array}$
12. $\begin{array}{r} 3 \\ -\ 1 \\ \hline \end{array}$

13. $\begin{array}{r} 3 \\ -\ 0 \\ \hline \end{array}$
14. $\begin{array}{r} 5 \\ -\ 5 \\ \hline \end{array}$
15. $\begin{array}{r} 5 \\ -\ 0 \\ \hline \end{array}$
16. $\begin{array}{r} 3 \\ -\ 2 \\ \hline \end{array}$
17. $\begin{array}{r} 2 \\ -\ 2 \\ \hline \end{array}$
18. $\begin{array}{r} 2 \\ -\ 0 \\ \hline \end{array}$

19. $\begin{array}{r} 1 \\ -\ 0 \\ \hline \end{array}$
20. $\begin{array}{r} 4 \\ -\ 0 \\ \hline \end{array}$
21. $\begin{array}{r} 2 \\ -\ 2 \\ \hline \end{array}$
22. $\begin{array}{r} 5 \\ -\ 2 \\ \hline \end{array}$
23. $\begin{array}{r} 3 \\ -\ 0 \\ \hline \end{array}$
24. $\begin{array}{r} 1 \\ -\ 0 \\ \hline \end{array}$

25. $\begin{array}{r} 3 \\ -\ 1 \\ \hline \end{array}$
26. $\begin{array}{r} 5 \\ -\ 3 \\ \hline \end{array}$
27. $\begin{array}{r} 5 \\ -\ 4 \\ \hline \end{array}$
28. $\begin{array}{r} 1 \\ -\ 1 \\ \hline \end{array}$
29. $\begin{array}{r} 4 \\ -\ 0 \\ \hline \end{array}$
30. $\begin{array}{r} 5 \\ -\ 3 \\ \hline \end{array}$

31. $\begin{array}{r} 3 \\ -\ 2 \\ \hline \end{array}$
32. $\begin{array}{r} 3 \\ -\ 3 \\ \hline \end{array}$
33. $\begin{array}{r} 4 \\ -\ 3 \\ \hline \end{array}$
34. $\begin{array}{r} 2 \\ -\ 2 \\ \hline \end{array}$
35. $\begin{array}{r} 4 \\ -\ 2 \\ \hline \end{array}$
36. $\begin{array}{r} 4 \\ -\ 1 \\ \hline \end{array}$

37. $\begin{array}{r} 5 \\ -\ 0 \\ \hline \end{array}$
38. $\begin{array}{r} 5 \\ -\ 1 \\ \hline \end{array}$
39. $\begin{array}{r} 2 \\ -\ 0 \\ \hline \end{array}$
40. $\begin{array}{r} 2 \\ -\ 2 \\ \hline \end{array}$
41. $\begin{array}{r} 5 \\ -\ 4 \\ \hline \end{array}$
42. $\begin{array}{r} 5 \\ -\ 1 \\ \hline \end{array}$

43. $\begin{array}{r} 2 \\ -\ 0 \\ \hline \end{array}$
44. $\begin{array}{r} 5 \\ -\ 4 \\ \hline \end{array}$
45. $\begin{array}{r} 1 \\ -\ 0 \\ \hline \end{array}$
46. $\begin{array}{r} 4 \\ -\ 3 \\ \hline \end{array}$
47. $\begin{array}{r} 3 \\ -\ 0 \\ \hline \end{array}$
48. $\begin{array}{r} 4 \\ -\ 0 \\ \hline \end{array}$

49. $\begin{array}{r} 3 \\ -\ 2 \\ \hline \end{array}$
50. $\begin{array}{r} 5 \\ -\ 1 \\ \hline \end{array}$
51. $\begin{array}{r} 5 \\ -\ 2 \\ \hline \end{array}$
52. $\begin{array}{r} 5 \\ -\ 3 \\ \hline \end{array}$
53. $\begin{array}{r} 4 \\ -\ 0 \\ \hline \end{array}$
54. $\begin{array}{r} 0 \\ -\ 0 \\ \hline \end{array}$

55. $\begin{array}{r} 5 \\ -\ 1 \\ \hline \end{array}$
56. $\begin{array}{r} 4 \\ -\ 4 \\ \hline \end{array}$
57. $\begin{array}{r} 2 \\ -\ 1 \\ \hline \end{array}$
58. $\begin{array}{r} 5 \\ -\ 3 \\ \hline \end{array}$
59. $\begin{array}{r} 4 \\ -\ 3 \\ \hline \end{array}$
60. $\begin{array}{r} 5 \\ -\ 0 \\ \hline \end{array}$

Test 49

Name: _____ Date: _____

Teacher: _____ Score: ___/60 Time: __:__

1. 5 − 1
2. 4 − 1
3. 3 − 1
4. 5 − 4
5. 3 − 0
6. 4 − 4

7. 3 − 2
8. 4 − 1
9. 5 − 0
10. 4 − 2
11. 5 − 2
12. 4 − 2

13. 5 − 0
14. 5 − 5
15. 1 − 1
16. 4 − 0
17. 4 − 3
18. 3 − 0

19. 5 − 1
20. 2 − 2
21. 1 − 1
22. 4 − 3
23. 4 − 0
24. 1 − 0

25. 2 − 2
26. 3 − 2
27. 2 − 1
28. 5 − 1
29. 3 − 3
30. 5 − 0

31. 2 − 0
32. 5 − 1
33. 4 − 2
34. 0 − 0
35. 4 − 2
36. 2 − 0

37. 3 − 3
38. 2 − 1
39. 2 − 0
40. 4 − 3
41. 5 − 3
42. 4 − 2

43. 1 − 1
44. 5 − 0
45. 3 − 2
46. 5 − 3
47. 3 − 1
48. 3 − 0

49. 5 − 4
50. 5 − 0
51. 4 − 0
52. 4 − 1
53. 4 − 3
54. 5 − 2

55. 5 − 0
56. 4 − 3
57. 3 − 1
58. 2 − 0
59. 4 − 1
60. 4 − 3

Test 50

Name: _____   Date: ____

Teacher: _____   Score: ___/60   Time: ___:___

1. 5 − 1
2. 4 − 4
3. 5 − 2
4. 7 − 1
5. 5 − 1
6. 4 − 1

7. 9 − 9
8. 5 − 1
9. 3 − 2
10. 8 − 6
11. 9 − 6
12. 2 − 0

13. 7 − 7
14. 9 − 8
15. 3 − 2
16. 7 − 6
17. 6 − 6
18. 10 − 3

19. 4 − 0
20. 4 − 4
21. 4 − 2
22. 10 − 3
23. 5 − 2
24. 1 − 0

25. 8 − 5
26. 9 − 7
27. 8 − 7
28. 10 − 7
29. 4 − 0
30. 10 − 9

31. 5 − 2
32. 10 − 6
33. 5 − 1
34. 8 − 4
35. 6 − 3
36. 10 − 6

37. 9 − 6
38. 3 − 1
39. 10 − 8
40. 10 − 7
41. 8 − 6
42. 9 − 9

43. 1 − 1
44. 8 − 0
45. 3 − 0
46. 9 − 3
47. 7 − 3
48. 1 − 0

49. 7 − 5
50. 2 − 1
51. 6 − 2
52. 10 − 10
53. 4 − 2
54. 10 − 5

55. 8 − 0
56. 8 − 4
57. 7 − 3
58. 6 − 4
59. 5 − 3
60. 7 − 2

Test 51

Name: _____ Date: _____

Teacher: _____ Score: ___/60 Time: __:__

1. 10 − 4
2. 6 − 2
3. 10 − 1
4. 6 − 5
5. 4 − 0
6. 6 − 3
7. 8 − 4
8. 7 − 4
9. 8 − 2
10. 5 − 3
11. 1 − 0
12. 10 − 5
13. 7 − 4
14. 7 − 0
15. 8 − 2
16. 5 − 2
17. 1 − 0
18. 10 − 3
19. 10 − 4
20. 8 − 0
21. 6 − 3
22. 9 − 4
23. 8 − 1
24. 9 − 3
25. 5 − 3
26. 3 − 2
27. 7 − 2
28. 10 − 6
29. 6 − 4
30. 2 − 2
31. 9 − 8
32. 9 − 7
33. 7 − 0
34. 9 − 1
35. 9 − 5
36. 7 − 4
37. 10 − 5
38. 8 − 4
39. 6 − 0
40. 9 − 6
41. 9 − 7
42. 8 − 0
43. 4 − 2
44. 10 − 3
45. 6 − 1
46. 1 − 1
47. 8 − 2
48. 1 − 1
49. 5 − 2
50. 8 − 7
51. 10 − 7
52. 7 − 7
53. 9 − 5
54. 8 − 1
55. 5 − 0
56. 0 − 0
57. 3 − 3
58. 3 − 2
59. 9 − 6
60. 10 − 9

Test 52

Name: _____ Date: _____

Teacher: _____   Score: ___/60 Time: ___:___

1. 3 − 1   2. 10 − 8   3. 4 − 2   4. 6 − 2   5. 8 − 4   6. 7 − 1

7. 7 − 4   8. 6 − 4   9. 6 − 5   10. 9 − 5   11. 8 − 7   12. 9 − 2

13. 10 − 7   14. 10 − 6   15. 7 − 3   16. 2 − 2   17. 8 − 0   18. 10 − 5

19. 3 − 2   20. 10 − 5   21. 4 − 3   22. 4 − 1   23. 9 − 3   24. 7 − 6

25. 2 − 0   26. 9 − 7   27. 9 − 4   28. 2 − 2   29. 9 − 6   30. 7 − 5

31. 10 − 9   32. 10 − 0   33. 9 − 8   34. 10 − 3   35. 10 − 2   36. 10 − 1

37. 4 − 4   38. 4 − 1   39. 8 − 4   40. 2 − 0   41. 7 − 5   42. 10 − 5

43. 6 − 5   44. 1 − 0   45. 6 − 0   46. 8 − 4   47. 7 − 1   48. 8 − 1

49. 10 − 6   50. 5 − 3   51. 5 − 0   52. 7 − 7   53. 4 − 3   54. 3 − 0

55. 8 − 5   56. 9 − 6   57. 8 − 1   58. 6 − 0   59. 3 − 0   60. 1 − 1

Test 53

Name: _____   Date: _____

Teacher: _____   Score: ___/60   Time: ___:___

1. 5 − 0
2. 4 − 2
3. 5 − 1
4. 10 − 4
5. 3 − 2
6. 6 − 1

7. 7 − 5
8. 6 − 1
9. 9 − 1
10. 7 − 6
11. 8 − 3
12. 5 − 0

13. 10 − 0
14. 7 − 5
15. 10 − 9
16. 8 − 0
17. 7 − 1
18. 6 − 6

19. 10 − 6
20. 6 − 4
21. 9 − 5
22. 10 − 2
23. 9 − 4
24. 10 − 6

25. 7 − 0
26. 7 − 3
27. 9 − 6
28. 5 − 1
29. 6 − 2
30. 10 − 10

31. 10 − 5
32. 9 − 4
33. 8 − 1
34. 2 − 0
35. 8 − 3
36. 1 − 1

37. 7 − 3
38. 8 − 7
39. 10 − 7
40. 8 − 3
41. 4 − 3
42. 8 − 7

43. 9 − 2
44. 4 − 1
45. 5 − 5
46. 1 − 0
47. 8 − 0
48. 10 − 0

49. 9 − 5
50. 4 − 3
51. 9 − 9
52. 8 − 1
53. 10 − 2
54. 7 − 3

55. 8 − 4
56. 9 − 3
57. 0 − 0
58. 6 − 3
59. 3 − 2
60. 8 − 5

Test 54

Name: _____   Date: ____

Teacher: _____   Score: ___/60 Time: __:__

1. 4 − 1   2. 3 − 1   3. 7 − 3   4. 6 − 2   5. 9 − 5   6. 6 − 1

7. 5 − 1   8. 9 − 7   9. 8 − 3   10. 8 − 6   11. 5 − 0   12. 10 − 10

13. 8 − 7   14. 5 − 2   15. 4 − 3   16. 6 − 3   17. 8 − 6   18. 6 − 0

19. 10 − 4   20. 3 − 1   21. 7 − 4   22. 4 − 0   23. 8 − 5   24. 9 − 9

25. 9 − 3   26. 10 − 1   27. 6 − 0   28. 7 − 2   29. 7 − 1   30. 8 − 0

31. 7 − 5   32. 4 − 4   33. 10 − 6   34. 10 − 4   35. 10 − 2   36. 9 − 5

37. 9 − 2   38. 2 − 2   39. 4 − 4   40. 10 − 1   41. 7 − 1   42. 6 − 4

43. 8 − 6   44. 10 − 10   45. 1 − 0   46. 8 − 7   47. 5 − 1   48. 10 − 5

49. 7 − 3   50. 8 − 0   51. 8 − 6   52. 2 − 0   53. 9 − 7   54. 3 − 0

55. 0 − 0   56. 3 − 0   57. 3 − 2   58. 9 − 2   59. 4 − 1   60. 9 − 5

Test 55

Name: _____ Date: _____

Teacher: _____ Score: ___/60 Time: ___:___

1. 7 − 4
2. 8 − 6
3. 5 − 3
4. 10 − 8
5. 9 − 7
6. 8 − 5

7. 10 − 0
8. 9 − 0
9. 6 − 1
10. 10 − 9
11. 6 − 2
12. 6 − 3

13. 9 − 3
14. 9 − 0
15. 10 − 0
16. 7 − 5
17. 5 − 2
18. 8 − 4

19. 2 − 1
20. 6 − 2
21. 9 − 3
22. 5 − 2
23. 8 − 7
24. 5 − 2

25. 3 − 3
26. 10 − 6
27. 8 − 4
28. 1 − 1
29. 8 − 3
30. 8 − 6

31. 10 − 6
32. 10 − 1
33. 6 − 0
34. 9 − 0
35. 9 − 5
36. 4 − 0

37. 7 − 2
38. 4 − 2
39. 9 − 4
40. 6 − 0
41. 4 − 0
42. 8 − 7

43. 7 − 2
44. 9 − 6
45. 8 − 2
46. 3 − 1
47. 10 − 5
48. 10 − 3

49. 4 − 0
50. 10 − 2
51. 8 − 6
52. 7 − 4
53. 7 − 1
54. 9 − 4

55. 5 − 3
56. 4 − 0
57. 9 − 8
58. 7 − 3
59. 5 − 3
60. 1 − 1

Test 56

Name: _____   Date: ____

Teacher: _____   Score: ___/60   Time: ___:___

1. 3 − 1
2. 9 − 0
3. 6 − 3
4. 4 − 0
5. 4 − 1
6. 5 − 2
7. 5 − 5
8. 5 − 2
9. 6 − 2
10. 10 − 4
11. 3 − 0
12. 10 − 7
13. 8 − 6
14. 7 − 2
15. 8 − 3
16. 5 − 5
17. 10 − 9
18. 10 − 3
19. 3 − 1
20. 9 − 7
21. 10 − 1
22. 10 − 9
23. 7 − 4
24. 8 − 0
25. 1 − 0
26. 8 − 5
27. 7 − 4
28. 9 − 9
29. 2 − 1
30. 7 − 7
31. 7 − 4
32. 10 − 8
33. 6 − 5
34. 6 − 2
35. 9 − 1
36. 8 − 3
37. 7 − 0
38. 9 − 1
39. 9 − 3
40. 5 − 4
41. 8 − 3
42. 6 − 6
43. 8 − 1
44. 3 − 2
45. 10 − 2
46. 4 − 0
47. 4 − 3
48. 6 − 2
49. 9 − 4
50. 1 − 1
51. 7 − 7
52. 10 − 2
53. 5 − 2
54. 6 − 0
55. 7 − 6
56. 10 − 5
57. 9 − 4
58. 8 − 8
59. 8 − 2
60. 0 − 0

Test 57

Name: _____ Date: _____

Teacher: _____ Score: ___/60 Time: ___:___

1. 9 − 1
2. 5 − 3
3. 7 − 3
4. 10 − 3
5. 4 − 2
6. 7 − 7

7. 8 − 5
8. 4 − 1
9. 4 − 3
10. 3 − 1
11. 6 − 2
12. 8 − 5

13. 9 − 5
14. 4 − 2
15. 3 − 1
16. 5 − 1
17. 8 − 3
18. 4 − 1

19. 9 − 7
20. 10 − 9
21. 9 − 9
22. 7 − 0
23. 10 − 0
24. 5 − 3

25. 1 − 0
26. 9 − 2
27. 10 − 2
28. 6 − 6
29. 4 − 2
30. 3 − 1

31. 5 − 0
32. 6 − 1
33. 7 − 3
34. 10 − 6
35. 9 − 6
36. 5 − 1

37. 3 − 0
38. 8 − 4
39. 10 − 2
40. 10 − 0
41. 2 − 2
42. 7 − 6

43. 0 − 0
44. 9 − 8
45. 8 − 5
46. 6 − 0
47. 8 − 0
48. 5 − 3

49. 10 − 7
50. 6 − 5
51. 6 − 2
52. 8 − 4
53. 10 − 5
54. 7 − 6

55. 4 − 2
56. 8 − 4
57. 9 − 2
58. 4 − 0
59. 9 − 8
60. 10 − 10

Test 58

Name: _____ Date: _____

Teacher: _____ Score: ___/60 Time: __:__

1. 2 − 0
2. 5 − 5
3. 10 − 3
4. 4 − 0
5. 10 − 10
6. 6 − 1
7. 7 − 5
8. 6 − 3
9. 6 − 2
10. 1 − 1
11. 9 − 6
12. 1 − 1
13. 2 − 1
14. 4 − 3
15. 10 − 8
16. 7 − 3
17. 9 − 2
18. 10 − 4
19. 10 − 8
20. 8 − 5
21. 9 − 2
22. 7 − 0
23. 9 − 6
24. 4 − 1
25. 6 − 0
26. 10 − 1
27. 0 − 0
28. 6 − 4
29. 10 − 4
30. 8 − 3
31. 7 − 3
32. 4 − 0
33. 9 − 0
34. 8 − 5
35. 9 − 3
36. 9 − 5
37. 7 − 1
38. 7 − 2
39. 5 − 0
40. 10 − 2
41. 8 − 8
42. 3 − 1
43. 3 − 2
44. 9 − 7
45. 6 − 4
46. 6 − 3
47. 7 − 0
48. 9 − 7
49. 9 − 5
50. 7 − 3
51. 8 − 2
52. 6 − 1
53. 9 − 6
54. 9 − 5
55. 8 − 5
56. 10 − 10
57. 4 − 0
58. 8 − 8
59. 5 − 4
60. 7 − 4

Test 59

Name: _____   Date: _____

Teacher: _____   Score: ___/60   Time: ___:___

1. 10 − 1   2. 5 − 0   3. 5 − 1   4. 7 − 7   5. 3 − 2   6. 5 − 4

7. 9 − 8   8. 6 − 1   9. 10 − 1   10. 9 − 4   11. 9 − 3   12. 5 − 3

13. 6 − 3   14. 8 − 0   15. 10 − 3   16. 10 − 9   17. 4 − 2   18. 8 − 7

19. 10 − 2   20. 6 − 4   21. 9 − 7   22. 5 − 4   23. 8 − 6   24. 8 − 3

25. 9 − 5   26. 1 − 0   27. 7 − 4   28. 10 − 7   29. 8 − 6   30. 4 − 4

31. 10 − 7   32. 6 − 2   33. 10 − 6   34. 3 − 0   35. 4 − 0   36. 5 − 0

37. 9 − 7   38. 10 − 6   39. 9 − 3   40. 2 − 1   41. 9 − 4   42. 8 − 5

43. 5 − 5   44. 3 − 0   45. 6 − 1   46. 4 − 3   47. 10 − 0   48. 3 − 2

49. 10 − 8   50. 8 − 2   51. 2 − 0   52. 7 − 1   53. 9 − 7   54. 8 − 6

55. 7 − 6   56. 9 − 1   57. 5 − 0   58. 8 − 2   59. 7 − 2   60. 2 − 0

Test 60

Name: _____ Date: _____

Teacher: _____ Score: ___/60 Time: __:__

1. 13 − 0
2. 3 − 1
3. 12 − 1
4. 5 − 0
5. 7 − 3
6. 13 − 4

7. 12 − 5
8. 15 − 5
9. 8 − 3
10. 2 − 1
11. 6 − 4
12. 11 − 9

13. 5 − 3
14. 8 − 0
15. 6 − 2
16. 13 − 12
17. 15 − 10
18. 5 − 2

19. 9 − 3
20. 12 − 1
21. 15 − 3
22. 13 − 3
23. 10 − 9
24. 13 − 12

25. 4 − 0
26. 11 − 9
27. 7 − 5
28. 14 − 14
29. 8 − 0
30. 12 − 7

31. 14 − 2
32. 6 − 1
33. 6 − 0
34. 8 − 3
35. 14 − 14
36. 11 − 1

37. 8 − 2
38. 12 − 8
39. 11 − 0
40. 10 − 9
41. 15 − 2
42. 10 − 10

43. 5 − 4
44. 15 − 7
45. 4 − 0
46. 7 − 6
47. 14 − 10
48. 15 − 11

49. 10 − 4
50. 11 − 1
51. 10 − 8
52. 5 − 1
53. 12 − 7
54. 15 − 13

55. 9 − 8
56. 14 − 9
57. 14 − 13
58. 9 − 7
59. 11 − 4
60. 15 − 2

Test 61

Name: _____ Date: ____

Teacher: _____ Score: ___/60 Time: ___:___

1. 15 − 10
2. 14 − 1
3. 12 − 4
4. 13 − 9
5. 11 − 10
6. 3 − 3

7. 15 − 7
8. 8 − 7
9. 12 − 7
10. 14 − 13
11. 10 − 0
12. 11 − 9

13. 13 − 8
14. 13 − 10
15. 1 − 0
16. 13 − 13
17. 14 − 5
18. 6 − 1

19. 15 − 2
20. 4 − 0
21. 0 − 0
22. 12 − 6
23. 14 − 1
24. 10 − 5

25. 8 − 6
26. 6 − 4
27. 9 − 6
28. 12 − 1
29. 10 − 7
30. 13 − 9

31. 6 − 5
32. 14 − 2
33. 9 − 0
34. 15 − 3
35. 13 − 4
36. 7 − 0

37. 5 − 3
38. 15 − 12
39. 15 − 7
40. 5 − 2
41. 8 − 4
42. 11 − 9

43. 11 − 6
44. 15 − 8
45. 4 − 0
46. 3 − 2
47. 14 − 2
48. 9 − 4

49. 14 − 8
50. 15 − 1
51. 8 − 5
52. 11 − 3
53. 3 − 2
54. 12 − 11

55. 9 − 2
56. 7 − 6
57. 12 − 5
58. 14 − 3
59. 12 − 8
60. 10 − 2

Test 62

Name: _____   Date: ____

Teacher: _____   Score: ___/60   Time: ___:___

1. 14 − 3
2. 5 − 4
3. 8 − 8
4. 15 − 13
5. 11 − 11
6. 5 − 4
7. 8 − 8
8. 12 − 3
9. 13 − 7
10. 14 − 2
11. 5 − 5
12. 14 − 11
13. 14 − 9
14. 10 − 0
15. 13 − 4
16. 12 − 9
17. 8 − 6
18. 15 − 7
19. 7 − 0
20. 14 − 10
21. 7 − 2
22. 13 − 9
23. 11 − 2
24. 15 − 5
25. 0 − 0
26. 10 − 7
27. 4 − 3
28. 9 − 6
29. 14 − 1
30. 6 − 3
31. 7 − 4
32. 15 − 4
33. 13 − 2
34. 14 − 10
35. 3 − 2
36. 13 − 1
37. 3 − 1
38. 12 − 10
39. 15 − 5
40. 7 − 0
41. 9 − 1
42. 6 − 1
43. 11 − 2
44. 12 − 1
45. 11 − 8
46. 11 − 10
47. 4 − 2
48. 6 − 3
49. 10 − 5
50. 15 − 12
51. 10 − 3
52. 9 − 6
53. 12 − 2
54. 5 − 0
55. 13 − 9
56. 14 − 4
57. 7 − 6
58. 15 − 1
59. 0 − 0
60. 12 − 9

Test 63

Name: _____ Date: ____

Teacher: _____ Score: ___/60 Time: ___:___

1. $7 - 5$ 2. $11 - 8$ 3. $4 - 2$ 4. $5 - 2$ 5. $14 - 5$ 6. $2 - 1$

7. $10 - 3$ 8. $12 - 7$ 9. $15 - 10$ 10. $4 - 4$ 11. $12 - 7$ 12. $9 - 8$

13. $13 - 9$ 14. $11 - 4$ 15. $7 - 1$ 16. $11 - 8$ 17. $9 - 6$ 18. $14 - 5$

19. $13 - 11$ 20. $14 - 0$ 21. $15 - 10$ 22. $10 - 9$ 23. $10 - 2$ 24. $14 - 8$

25. $2 - 0$ 26. $15 - 6$ 27. $13 - 2$ 28. $3 - 1$ 29. $4 - 2$ 30. $3 - 0$

31. $8 - 5$ 32. $12 - 10$ 33. $6 - 4$ 34. $6 - 0$ 35. $11 - 6$ 36. $10 - 4$

37. $14 - 11$ 38. $12 - 10$ 39. $13 - 12$ 40. $7 - 3$ 41. $9 - 1$ 42. $15 - 13$

43. $9 - 8$ 44. $14 - 13$ 45. $12 - 8$ 46. $7 - 4$ 47. $9 - 5$ 48. $12 - 4$

49. $6 - 6$ 50. $11 - 5$ 51. $13 - 2$ 52. $14 - 3$ 53. $2 - 1$ 54. $13 - 0$

55. $15 - 7$ 56. $15 - 14$ 57. $9 - 0$ 58. $3 - 0$ 59. $15 - 1$ 60. $5 - 1$

Test 64

Name: _____ Date: _____

Teacher: _____ Score: ___/60 Time: ___ : ___

1. 3 − 2
2. 9 − 6
3. 3 − 0
4. 15 − 0
5. 6 − 1
6. 13 − 10
7. 5 − 4
8. 7 − 7
9. 13 − 10
10. 6 − 0
11. 11 − 2
12. 14 − 5
13. 8 − 5
14. 9 − 2
15. 10 − 0
16. 15 − 12
17. 0 − 0
18. 14 − 9
19. 3 − 3
20. 11 − 3
21. 12 − 7
22. 13 − 13
23. 11 − 1
24. 11 − 7
25. 7 − 7
26. 10 − 6
27. 15 − 11
28. 15 − 14
29. 4 − 0
30. 12 − 5
31. 4 − 2
32. 8 − 3
33. 15 − 11
34. 10 − 1
35. 6 − 1
36. 13 − 8
37. 12 − 2
38. 10 − 8
39. 12 − 8
40. 9 − 9
41. 9 − 4
42. 14 − 4
43. 9 − 3
44. 14 − 1
45. 6 − 5
46. 13 − 10
47. 14 − 11
48. 12 − 5
49. 2 − 2
50. 15 − 10
51. 15 − 12
52. 9 − 3
53. 4 − 2
54. 12 − 8
55. 14 − 6
56. 8 − 7
57. 14 − 1
58. 11 − 6
59. 15 − 4
60. 1 − 0

Test 65

Name: _____   Date: _____

Teacher: _____   Score: ___/60   Time: ___:___

1. 9 − 3
2. 14 − 3
3. 6 − 4
4. 13 − 4
5. 7 − 4
6. 9 − 9
7. 2 − 0
8. 15 − 14
9. 13 − 10
10. 8 − 5
11. 5 − 4
12. 8 − 3
13. 7 − 1
14. 8 − 7
15. 14 − 4
16. 15 − 15
17. 5 − 2
18. 11 − 5
19. 14 − 10
20. 11 − 9
21. 10 − 0
22. 12 − 6
23. 13 − 6
24. 13 − 10
25. 7 − 3
26. 12 − 8
27. 15 − 6
28. 12 − 1
29. 7 − 6
30. 14 − 1
31. 12 − 8
32. 2 − 1
33. 6 − 0
34. 13 − 12
35. 1 − 0
36. 8 − 7
37. 14 − 12
38. 5 − 4
39. 11 − 1
40. 11 − 8
41. 11 − 9
42. 11 − 5
43. 13 − 5
44. 15 − 1
45. 11 − 4
46. 9 − 3
47. 15 − 6
48. 14 − 12
49. 0 − 0
50. 9 − 6
51. 10 − 7
52. 9 − 3
53. 11 − 2
54. 15 − 10
55. 2 − 0
56. 10 − 10
57. 4 − 3
58. 13 − 2
59. 7 − 2
60. 14 − 1

Test 66

Name: _____ Date: ____

Teacher: _____ Score: ___/60 Time: ___:___

1. $12 - 1$
2. $4 - 1$
3. $4 - 2$
4. $14 - 13$
5. $11 - 2$
6. $13 - 3$
7. $11 - 0$
8. $12 - 7$
9. $13 - 10$
10. $14 - 3$
11. $9 - 2$
12. $7 - 5$
13. $2 - 1$
14. $14 - 13$
15. $10 - 8$
16. $15 - 5$
17. $13 - 9$
18. $10 - 6$
19. $7 - 3$
20. $14 - 3$
21. $9 - 8$
22. $11 - 4$
23. $12 - 7$
24. $9 - 8$
25. $10 - 6$
26. $14 - 3$
27. $6 - 1$
28. $9 - 8$
29. $15 - 5$
30. $8 - 7$
31. $11 - 10$
32. $15 - 9$
33. $2 - 1$
34. $15 - 3$
35. $15 - 12$
36. $13 - 8$
37. $12 - 6$
38. $12 - 7$
39. $10 - 0$
40. $8 - 6$
41. $13 - 11$
42. $5 - 3$
43. $14 - 1$
44. $15 - 15$
45. $10 - 2$
46. $12 - 2$
47. $11 - 6$
48. $9 - 4$
49. $6 - 3$
50. $15 - 7$
51. $13 - 0$
52. $11 - 0$
53. $4 - 0$
54. $5 - 4$
55. $14 - 7$
56. $5 - 4$
57. $10 - 4$
58. $11 - 1$
59. $5 - 1$
60. $0 - 0$

Test 67

Name: _____   Date: _____

Teacher: _____   Score: ___/60   Time: ___:___

1. 12 − 5
2. 6 − 0
3. 13 − 9
4. 11 − 10
5. 9 − 6
6. 10 − 9

7. 11 − 3
8. 11 − 0
9. 11 − 11
10. 11 − 9
11. 7 − 3
12. 4 − 1

13. 1 − 1
14. 10 − 2
15. 15 − 3
16. 15 − 6
17. 14 − 14
18. 8 − 2

19. 10 − 6
20. 12 − 2
21. 14 − 0
22. 8 − 4
23. 10 − 7
24. 5 − 5

25. 13 − 4
26. 9 − 9
27. 13 − 6
28. 10 − 4
29. 3 − 0
30. 8 − 7

31. 14 − 8
32. 14 − 1
33. 9 − 8
34. 4 − 4
35. 13 − 8
36. 15 − 15

37. 8 − 1
38. 14 − 0
39. 2 − 2
40. 10 − 1
41. 14 − 6
42. 6 − 0

43. 6 − 5
44. 13 − 3
45. 5 − 0
46. 3 − 1
47. 12 − 5
48. 15 − 7

49. 11 − 3
50. 7 − 7
51. 11 − 2
52. 7 − 5
53. 15 − 12
54. 12 − 10

55. 13 − 13
56. 15 − 2
57. 12 − 4
58. 12 − 9
59. 15 − 4
60. 3 − 0

Test 68

Name: _____ Date: ____

Teacher: _____ Score: ___/60 Time: ___:___

1. 9 − 0
2. 11 − 10
3. 15 − 9
4. 12 − 4
5. 14 − 7
6. 14 − 10

7. 14 − 0
8. 11 − 3
9. 3 − 2
10. 6 − 6
11. 11 − 2
12. 13 − 0

13. 10 − 8
14. 5 − 3
15. 5 − 0
16. 6 − 5
17. 13 − 2
18. 15 − 3

19. 14 − 4
20. 12 − 2
21. 13 − 13
22. 14 − 5
23. 15 − 12
24. 11 − 9

25. 5 − 2
26. 9 − 8
27. 15 − 3
28. 9 − 8
29. 6 − 0
30. 14 − 1

31. 3 − 0
32. 7 − 6
33. 15 − 2
34. 10 − 0
35. 7 − 1
36. 7 − 4

37. 14 − 8
38. 7 − 2
39. 15 − 13
40. 10 − 1
41. 12 − 12
42. 13 − 4

43. 13 − 3
44. 11 − 9
45. 13 − 1
46. 14 − 5
47. 8 − 8
48. 15 − 8

49. 12 − 9
50. 12 − 0
51. 6 − 2
52. 11 − 6
53. 12 − 4
54. 7 − 4

55. 10 − 9
56. 11 − 5
57. 15 − 1
58. 4 − 1
59. 5 − 4
60. 7 − 1

Test 69

Name: _____ Date: _____

Teacher: _____ Score: ___/60 Time: ___:___

1. 10 − 9
2. 8 − 7
3. 10 − 3
4. 11 − 3
5. 13 − 5
6. 13 − 6
7. 8 − 2
8. 4 − 1
9. 14 − 0
10. 3 − 1
11. 6 − 3
12. 8 − 1
13. 8 − 6
14. 10 − 5
15. 15 − 13
16. 14 − 7
17. 11 − 6
18. 7 − 4
19. 1 − 0
20. 12 − 6
21. 10 − 7
22. 12 − 12
23. 9 − 1
24. 15 − 5
25. 11 − 6
26. 9 − 7
27. 8 − 2
28. 13 − 12
29. 3 − 0
30. 15 − 14
31. 5 − 2
32. 4 − 2
33. 14 − 6
34. 5 − 0
35. 14 − 2
36. 11 − 9
37. 2 − 1
38. 11 − 10
39. 15 − 8
40. 9 − 0
41. 15 − 1
42. 12 − 5
43. 7 − 4
44. 13 − 9
45. 11 − 5
46. 10 − 1
47. 12 − 0
48. 9 − 7
49. 13 − 8
50. 14 − 10
51. 15 − 3
52. 14 − 13
53. 12 − 12
54. 10 − 0
55. 4 − 3
56. 9 − 6
57. 14 − 2
58. 13 − 4
59. 11 − 4
60. 11 − 3

Test 70

Name: _____ Date: ____

Teacher: _____ Score: ___/60 Time: ___:___

1. 4 − 3
2. 17 − 12
3. 16 − 8
4. 19 − 13
5. 14 − 11
6. 10 − 6
7. 7 − 2
8. 4 − 3
9. 8 − 8
10. 20 − 7
11. 10 − 0
12. 5 − 4
13. 19 − 3
14. 16 − 6
15. 9 − 3
16. 7 − 5
17. 20 − 11
18. 11 − 9
19. 18 − 4
20. 15 − 13
21. 7 − 0
22. 18 − 15
23. 13 − 0
24. 19 − 5
25. 6 − 1
26. 19 − 4
27. 16 − 8
28. 12 − 3
29. 18 − 0
30. 12 − 9
31. 15 − 14
32. 18 − 18
33. 17 − 9
34. 12 − 9
35. 18 − 2
36. 20 − 16
37. 5 − 2
38. 1 − 0
39. 19 − 13
40. 16 − 6
41. 2 − 1
42. 20 − 15
43. 7 − 1
44. 19 − 14
45. 14 − 12
46. 14 − 10
47. 20 − 8
48. 17 − 14
49. 5 − 4
50. 17 − 1
51. 11 − 0
52. 16 − 15
53. 6 − 3
54. 6 − 1
55. 17 − 17
56. 11 − 8
57. 10 − 2
58. 11 − 2
59. 10 − 5
60. 15 − 13

Test 71

Name: _____ Date: _____

Teacher: _____ Score: ___/60 Time: ___:___

1. 12 − 1
2. 19 − 16
3. 17 − 7
4. 18 − 9
5. 8 − 0
6. 11 − 7
7. 20 − 3
8. 20 − 4
9. 14 − 11
10. 13 − 0
11. 18 − 12
12. 14 − 0
13. 9 − 9
14. 2 − 2
15. 2 − 0
16. 5 − 4
17. 19 − 1
18. 6 − 3
19. 14 − 10
20. 12 − 8
21. 20 − 1
22. 8 − 8
23. 16 − 5
24. 16 − 6
25. 7 − 1
26. 14 − 13
27. 20 − 15
28. 16 − 6
29. 18 − 4
30. 17 − 8
31. 15 − 3
32. 10 − 7
33. 15 − 5
34. 18 − 11
35. 13 − 12
36. 2 − 0
37. 19 − 19
38. 16 − 10
39. 18 − 11
40. 14 − 9
41. 19 − 5
42. 17 − 10
43. 15 − 2
44. 10 − 1
45. 5 − 4
46. 12 − 10
47. 20 − 18
48. 14 − 13
49. 6 − 4
50. 17 − 12
51. 7 − 3
52. 17 − 13
53. 8 − 6
54. 15 − 4
55. 16 − 1
56. 13 − 5
57. 9 − 3
58. 11 − 9
59. 17 − 15
60. 7 − 3

Test 72

Name: _____   Date: _____

Teacher: _____   Score: ___/60   Time: ___:___

1. 5 − 1
2. 16 − 7
3. 5 − 1
4. 18 − 13
5. 18 − 8
6. 20 − 18
7. 18 − 16
8. 19 − 9
9. 7 − 5
10. 11 − 10
11. 7 − 3
12. 7 − 1
13. 1 − 0
14. 13 − 0
15. 9 − 2
16. 11 − 5
17. 20 − 17
18. 19 − 16
19. 9 − 8
20. 10 − 6
21. 11 − 3
22. 14 − 3
23. 16 − 8
24. 13 − 2
25. 14 − 11
26. 10 − 9
27. 14 − 6
28. 20 − 7
29. 14 − 12
30. 19 − 14
31. 6 − 3
32. 15 − 1
33. 5 − 4
34. 13 − 4
35. 18 − 0
36. 6 − 2
37. 4 − 3
38. 15 − 10
39. 17 − 10
40. 19 − 13
41. 8 − 2
42. 15 − 12
43. 15 − 0
44. 9 − 7
45. 20 − 6
46. 6 − 0
47. 15 − 4
48. 12 − 11
49. 17 − 4
50. 16 − 16
51. 15 − 9
52. 18 − 12
53. 11 − 3
54. 17 − 1
55. 19 − 5
56. 10 − 2
57. 17 − 8
58. 12 − 0
59. 20 − 19
60. 20 − 13

Test 73

Name: _____   Date: _____

Teacher: _____   Score: ___/60   Time: __:__

1. 15 - 0
2. 2 - 1
3. 13 - 12
4. 16 - 16
5. 17 - 9
6. 11 - 9

7. 8 - 7
8. 19 - 11
9. 16 - 4
10. 20 - 8
11. 19 - 17
12. 11 - 7

13. 12 - 2
14. 19 - 13
15. 16 - 9
16. 6 - 3
17. 14 - 8
18. 16 - 10

19. 16 - 1
20. 4 - 4
21. 3 - 0
22. 18 - 18
23. 7 - 5
24. 5 - 2

25. 10 - 2
26. 14 - 0
27. 18 - 12
28. 15 - 7
29. 20 - 8
30. 15 - 7

31. 18 - 8
32. 14 - 14
33. 13 - 0
34. 12 - 2
35. 19 - 4
36. 4 - 2

37. 17 - 6
38. 20 - 6
39. 20 - 15
40. 19 - 10
41. 17 - 14
42. 7 - 5

43. 20 - 9
44. 13 - 12
45. 3 - 1
46. 12 - 1
47. 9 - 5
48. 17 - 13

49. 18 - 6
50. 15 - 11
51. 14 - 10
52. 17 - 10
53. 6 - 1
54. 10 - 8

55. 18 - 5
56. 20 - 0
57. 13 - 3
58. 9 - 3
59. 3 - 1
60. 11 - 5

Test 74

Name: _____   Date: ____

Teacher: _____   Score: ___/60 Time: ___ : ___

1. $7 - 0$ 2. $13 - 5$ 3. $13 - 12$ 4. $5 - 2$ 5. $14 - 10$ 6. $10 - 5$

7. $19 - 3$ 8. $18 - 6$ 9. $18 - 11$ 10. $13 - 1$ 11. $14 - 1$ 12. $12 - 9$

13. $15 - 4$ 14. $10 - 5$ 15. $13 - 11$ 16. $16 - 1$ 17. $17 - 11$ 18. $18 - 16$

19. $2 - 1$ 20. $11 - 11$ 21. $15 - 8$ 22. $20 - 14$ 23. $20 - 19$ 24. $19 - 8$

25. $4 - 0$ 26. $4 - 2$ 27. $9 - 1$ 28. $6 - 0$ 29. $20 - 9$ 30. $8 - 4$

31. $17 - 5$ 32. $16 - 6$ 33. $17 - 3$ 34. $19 - 12$ 35. $14 - 5$ 36. $6 - 3$

37. $10 - 4$ 38. $19 - 2$ 39. $20 - 15$ 40. $15 - 9$ 41. $18 - 16$ 42. $16 - 6$

43. $10 - 8$ 44. $18 - 7$ 45. $15 - 0$ 46. $10 - 8$ 47. $18 - 7$ 48. $14 - 7$

49. $13 - 1$ 50. $12 - 12$ 51. $17 - 16$ 52. $11 - 4$ 53. $15 - 9$ 54. $8 - 3$

55. $14 - 6$ 56. $2 - 1$ 57. $2 - 0$ 58. $20 - 3$ 59. $12 - 7$ 60. $20 - 13$

Test 75

Name: _____   Date: _____

Teacher: _____   Score: ___/60   Time: ___:___

1. 16 − 10
2. 6 − 3
3. 16 − 15
4. 13 − 4
5. 14 − 8
6. 12 − 4

7. 5 − 3
8. 18 − 1
9. 20 − 9
10. 18 − 11
11. 10 − 5
12. 6 − 1

13. 17 − 1
14. 15 − 11
15. 6 − 0
16. 17 − 11
17. 9 − 7
18. 15 − 7

19. 13 − 0
20. 19 − 13
21. 15 − 6
22. 19 − 16
23. 19 − 19
24. 20 − 1

25. 20 − 14
26. 17 − 9
27. 17 − 0
28. 13 − 5
29. 16 − 3
30. 14 − 11

31. 18 − 2
32. 12 − 2
33. 12 − 9
34. 20 − 8
35. 18 − 9
36. 3 − 0

37. 12 − 10
38. 14 − 11
39. 11 − 4
40. 4 − 1
41. 17 − 2
42. 14 − 8

43. 7 − 0
44. 8 − 7
45. 10 − 4
46. 5 − 2
47. 19 − 5
48. 8 − 5

49. 10 − 7
50. 19 − 18
51. 12 − 7
52. 6 − 1
53. 13 − 9
54. 18 − 6

55. 3 − 2
56. 16 − 2
57. 20 − 3
58. 15 − 10
59. 9 − 4
60. 20 − 13

Test 76

Name: _____ Date: _____

Teacher: _____ Score: ___/60 Time: ___:___

1. 11 − 5
2. 16 − 7
3. 10 − 9
4. 16 − 10
5. 9 − 3
6. 16 − 11

7. 9 − 3
8. 19 − 12
9. 19 − 2
10. 18 − 12
11. 10 − 4
12. 16 − 0

13. 5 − 1
14. 15 − 15
15. 11 − 4
16. 10 − 9
17. 18 − 2
18. 18 − 17

19. 20 − 2
20. 20 − 5
21. 8 − 6
22. 13 − 10
23. 17 − 0
24. 13 − 3

25. 17 − 8
26. 15 − 14
27. 12 − 9
28. 5 − 1
29. 7 − 0
30. 15 − 10

31. 19 − 7
32. 19 − 1
33. 16 − 6
34. 12 − 4
35. 17 − 13
36. 19 − 8

37. 17 − 2
38. 18 − 9
39. 17 − 0
40. 15 − 12
41. 18 − 14
42. 7 − 1

43. 18 − 6
44. 15 − 1
45. 20 − 2
46. 14 − 6
47. 13 − 3
48. 11 − 7

49. 11 − 7
50. 14 − 3
51. 20 − 6
52. 11 − 4
53. 14 − 12
54. 13 − 0

55. 8 − 1
56. 13 − 2
57. 20 − 8
58. 20 − 4
59. 8 − 5
60. 19 − 3

Test 77

Name: _____ Date: _____

Teacher: _____ Score: ___/60 Time: ___:___

1. 18 − 0
2. 10 − 5
3. 18 − 2
4. 12 − 0
5. 15 − 2
6. 19 − 13
7. 16 − 10
8. 11 − 10
9. 5 − 0
10. 12 − 6
11. 8 − 8
12. 17 − 11
13. 20 − 7
14. 13 − 2
15. 5 − 1
16. 15 − 3
17. 14 − 3
18. 15 − 4
19. 17 − 9
20. 14 − 4
21. 14 − 0
22. 12 − 11
23. 18 − 6
24. 15 − 13
25. 20 − 6
26. 19 − 7
27. 20 − 19
28. 16 − 15
29. 10 − 4
30. 14 − 12
31. 19 − 7
32. 9 − 1
33. 17 − 1
34. 18 − 5
35. 5 − 2
36. 10 − 9
37. 17 − 14
38. 16 − 8
39. 6 − 2
40. 18 − 9
41. 17 − 9
42. 15 − 11
43. 3 − 0
44. 13 − 11
45. 8 − 1
46. 20 − 7
47. 6 − 6
48. 13 − 9
49. 16 − 3
50. 19 − 16
51. 20 − 8
52. 12 − 2
53. 20 − 7
54. 19 − 3
55. 11 − 8
56. 10 − 1
57. 12 − 1
58. 17 − 7
59. 5 − 3
60. 18 − 0

Test 78

Name: _____ Date: ____

Teacher: _____ Score: ___/60 Time: ___:___

1. 10 − 6
2. 17 − 3
3. 20 − 8
4. 19 − 11
5. 17 − 1
6. 20 − 18

7. 11 − 0
8. 3 − 1
9. 3 − 0
10. 15 − 14
11. 11 − 2
12. 14 − 0

13. 19 − 1
14. 18 − 10
15. 19 − 10
16. 20 − 5
17. 2 − 2
18. 12 − 9

19. 12 − 4
20. 16 − 6
21. 19 − 2
22. 16 − 5
23. 16 − 4
24. 19 − 7

25. 11 − 7
26. 12 − 10
27. 11 − 4
28. 13 − 6
29. 10 − 8
30. 5 − 3

31. 7 − 7
32. 17 − 8
33. 17 − 14
34. 19 − 1
35. 18 − 1
36. 6 − 2

37. 16 − 5
38. 20 − 13
39. 14 − 8
40. 10 − 3
41. 15 − 7
42. 17 − 4

43. 14 − 1
44. 4 − 4
45. 16 − 3
46. 15 − 6
47. 15 − 15
48. 16 − 8

49. 18 − 7
50. 18 − 11
51. 17 − 13
52. 20 − 13
53. 9 − 6
54. 12 − 0

55. 18 − 5
56. 13 − 9
57. 13 − 0
58. 20 − 15
59. 9 − 5
60. 8 − 1

Test 79

Name: _____   Date: _____

Teacher: _____   Score: ___/60   Time: ___:___

1. 8 − 2
2. 18 − 15
3. 14 − 8
4. 14 − 10
5. 3 − 1
6. 9 − 5

7. 13 − 8
8. 15 − 6
9. 19 − 6
10. 7 − 3
11. 10 − 2
12. 19 − 11

13. 20 − 14
14. 4 − 0
15. 19 − 10
16. 5 − 3
17. 20 − 14
18. 17 − 7

19. 16 − 13
20. 13 − 1
21. 16 − 0
22. 12 − 6
23. 16 − 12
24. 11 − 0

25. 5 − 2
26. 7 − 1
27. 18 − 10
28. 15 − 9
29. 17 − 3
30. 16 − 8

31. 8 − 7
32. 17 − 9
33. 12 − 0
34. 7 − 5
35. 19 − 13
36. 11 − 6

37. 11 − 9
38. 20 − 6
39. 16 − 3
40. 11 − 3
41. 12 − 12
42. 19 − 2

43. 8 − 4
44. 20 − 17
45. 15 − 10
46. 16 − 9
47. 18 − 9
48. 20 − 1

49. 13 − 1
50. 15 − 15
51. 20 − 6
52. 12 − 10
53. 14 − 0
54. 18 − 0

55. 14 − 4
56. 11 − 4
57. 17 − 5
58. 17 − 4
59. 7 − 5
60. 19 − 18

Test 80

Name: _____   Date: ____
Teacher: _____ Score: ___/60 Time: ___ : ___

1. 8 − 7
2. 18 − 17
3. 14 + 10
4. 16 + 4
5. 18 + 13
6. 18 − 2
7. 15 − 13
8. 6 − 6
9. 11 + 2
10. 15 − 10
11. 4 − 4
12. 15 − 6
13. 6 − 4
14. 13 − 4
15. 8 + 15
16. 8 + 2
17. 7 + 10
18. 6 + 16
19. 18 + 13
20. 6 + 8
21. 9 + 12
22. 18 − 14
23. 12 − 8
24. 17 − 1
25. 17 + 11
26. 15 + 8
27. 11 − 1
28. 20 − 9
29. 3 + 18
30. 15 − 15
31. 3 + 6
32. 17 + 11
33. 9 − 1
34. 6 + 1
35. 13 − 9
36. 20 − 2
37. 7 + 20
38. 16 + 16
39. 18 − 4
40. 14 − 8
41. 7 − 1
42. 6 + 5
43. 20 − 7
44. 1 + 15
45. 5 + 14
46. 8 − 5
47. 7 + 14
48. 13 + 20
49. 18 + 12
50. 18 − 10
51. 10 − 6
52. 20 − 13
53. 6 + 8
54. 11 − 9
55. 2 + 4
56. 12 − 4
57. 14 + 6
58. 16 + 20
59. 17 − 17
60. 12 − 6

Test 81

Name: _____   Date: _____

Teacher: _____   Score: ____/60   Time: ____:____

1. 20 − 1
2. 7 + 10
3. 15 − 2
4. 10 + 1
5. 16 + 14
6. 16 − 14

7. 20 − 5
8. 2 + 3
9. 10 − 2
10. 10 + 14
11. 18 + 17
12. 15 + 14

13. 18 − 13
14. 7 − 2
15. 4 + 9
16. 19 − 12
17. 20 + 18
18. 17 − 8

19. 8 + 14
20. 17 − 10
21. 10 + 14
22. 18 − 8
23. 4 − 3
24. 5 + 20

25. 5 + 11
26. 6 + 19
27. 12 − 12
28. 20 − 18
29. 14 − 5
30. 20 + 7

31. 20 − 6
32. 4 + 1
33. 13 + 10
34. 13 − 10
35. 20 + 16
36. 17 + 9

37. 17 − 10
38. 18 − 3
39. 18 − 7
40. 19 + 3
41. 17 − 16
42. 18 − 9

43. 15 − 7
44. 9 − 5
45. 18 + 11
46. 8 + 13
47. 8 − 5
48. 13 − 5

49. 6 + 20
50. 5 + 7
51. 3 + 6
52. 8 + 2
53. 6 + 13
54. 2 + 10

55. 3 + 9
56. 13 + 12
57. 11 + 14
58. 5 + 5
59. 14 + 13
60. 14 + 3

Test 82

Name: _____ Date: _____

Teacher: _____ Score: ___/60 Time: ___:___

1. 12 + 2
2. 7 + 15
3. 6 - 3
4. 3 + 17
5. 4 + 8
6. 19 - 14

7. 18 + 14
8. 20 - 1
9. 19 + 20
10. 11 + 9
11. 16 - 3
12. 11 + 5

13. 17 - 7
14. 17 - 12
15. 7 + 20
16. 17 - 11
17. 4 + 14
18. 14 - 12

19. 15 - 11
20. 10 + 18
21. 17 - 17
22. 5 + 14
23. 3 - 2
24. 19 - 16

25. 19 - 17
26. 10 + 14
27. 8 + 1
28. 17 + 9
29. 10 + 14
30. 5 + 4

31. 3 + 6
32. 8 - 4
33. 5 + 11
34. 15 + 20
35. 2 + 9
36. 20 - 15

37. 3 + 14
38. 5 + 14
39. 7 - 5
40. 13 + 7
41. 17 + 10
42. 7 - 5

43. 20 - 1
44. 19 + 14
45. 3 + 19
46. 5 + 17
47. 17 + 13
48. 19 - 5

49. 3 + 15
50. 15 - 5
51. 18 - 5
52. 15 - 8
53. 19 - 3
54. 14 + 16

55. 20 - 5
56. 20 + 7
57. 20 - 15
58. 1 + 6
59. 14 + 8
60. 10 - 5

Test 83

Name: _____ Date: ____

Teacher: _____ Score: ___/60 Time: ___:___

1. 7 − 4
2. 15 − 5
3. 19 + 8
4. 17 − 4
5. 4 + 12
6. 4 − 2

7. 17 + 19
8. 2 + 6
9. 7 − 5
10. 12 + 2
11. 11 + 5
12. 8 + 8

13. 11 + 19
14. 13 + 7
15. 16 + 19
16. 5 − 3
17. 1 − 1
18. 11 − 8

19. 16 + 20
20. 20 + 16
21. 7 − 2
22. 10 − 6
23. 18 + 14
24. 6 + 17

25. 5 − 3
26. 7 + 7
27. 12 − 5
28. 14 + 16
29. 19 − 14
30. 6 + 16

31. 20 − 12
32. 16 − 4
33. 18 + 16
34. 6 − 4
35. 4 − 3
36. 5 − 2

37. 19 − 7
38. 20 + 11
39. 15 − 11
40. 12 − 4
41. 15 + 4
42. 16 − 9

43. 6 + 2
44. 11 + 9
45. 8 − 6
46. 12 + 2
47. 20 + 7
48. 17 + 8

49. 18 − 5
50. 16 + 10
51. 15 + 2
52. 17 − 5
53. 18 − 6
54. 13 − 3

55. 14 + 18
56. 19 − 3
57. 18 + 2
58. 10 + 20
59. 13 + 7
60. 10 + 14

Test 84

Name: _____ Date: _____

Teacher: _____ Score: ___/60 Time: ___:___

1. 20 + 4
2. 10 + 11
3. 13 + 8
4. 17 - 10
5. 15 + 6
6. 17 - 4

7. 7 + 12
8. 9 - 1
9. 17 + 1
10. 9 - 7
11. 19 - 5
12. 12 - 4

13. 8 + 14
14. 8 - 5
15. 17 + 5
16. 9 - 8
17. 6 - 3
18. 14 - 7

19. 18 - 11
20. 11 + 20
21. 8 + 4
22. 9 - 4
23. 2 + 3
24. 11 + 8

25. 12 + 4
26. 20 + 12
27. 14 - 13
28. 16 + 4
29. 7 + 3
30. 6 + 12

31. 11 - 4
32. 13 - 5
33. 7 - 2
34. 17 - 16
35. 19 - 13
36. 12 - 5

37. 17 + 4
38. 16 - 1
39. 6 - 2
40. 16 + 18
41. 6 + 8
42. 15 + 9

43. 17 - 6
44. 15 + 20
45. 2 + 18
46. 6 + 19
47. 18 - 7
48. 17 + 3

49. 18 + 20
50. 1 + 8
51. 15 + 18
52. 1 + 7
53. 13 - 5
54. 10 - 7

55. 18 + 6
56. 13 - 13
57. 11 + 5
58. 9 + 4
59. 13 - 6
60. 11 + 17

Test 85

Name: _____   Date: _____

Teacher: _____   Score: ___/60   Time: ___:___

1. 16 − 8
2. 20 − 1
3. 14 + 4
4. 10 + 5
5. 17 + 8
6. 7 + 1

7. 13 − 11
8. 17 + 13
9. 4 + 13
10. 2 + 11
11. 18 + 11
12. 12 + 8

13. 17 − 2
14. 9 + 12
15. 13 − 10
16. 18 + 20
17. 5 + 19
18. 16 + 12

19. 13 + 15
20. 18 − 13
21. 10 + 9
22. 17 − 4
23. 7 + 13
24. 10 − 9

25. 9 − 8
26. 14 − 8
27. 16 + 7
28. 19 − 11
29. 15 + 15
30. 5 + 12

31. 13 + 12
32. 7 + 14
33. 17 − 15
34. 17 + 15
35. 14 − 6
36. 18 − 4

37. 7 + 5
38. 19 − 17
39. 13 − 12
40. 4 − 3
41. 12 + 15
42. 6 − 4

43. 16 − 5
44. 20 − 2
45. 5 − 3
46. 12 + 15
47. 20 − 2
48. 10 + 7

49. 13 + 12
50. 19 + 2
51. 15 − 7
52. 20 − 17
53. 6 − 1
54. 1 + 5

55. 18 + 10
56. 19 + 17
57. 2 − 1
58. 15 + 20
59. 15 + 15
60. 18 − 11

Test 86

Name: _____ Date: ____

Teacher: _____ Score: ___/60 Time: ___:___

1. 18 + 7
2. 1 - 1
3. 20 - 3
4. 12 - 8
5. 16 - 7
6. 18 - 17

7. 14 + 9
8. 20 - 6
9. 17 + 1
10. 13 + 13
11. 1 + 7
12. 16 - 3

13. 20 + 10
14. 17 - 14
15. 16 - 15
16. 12 + 7
17. 18 - 3
18. 7 - 2

19. 3 + 17
20. 8 + 16
21. 13 + 7
22. 17 - 11
23. 20 - 9
24. 11 + 4

25. 15 - 13
26. 5 + 15
27. 20 - 5
28. 10 - 4
29. 20 - 1
30. 5 - 4

31. 11 - 5
32. 2 - 1
33. 7 + 9
34. 13 + 16
35. 10 - 4
36. 17 + 1

37. 4 + 8
38. 19 - 1
39. 20 - 14
40. 10 - 6
41. 17 + 11
42. 9 - 5

43. 12 - 5
44. 13 + 17
45. 8 - 4
46. 8 + 17
47. 1 + 12
48. 18 + 7

49. 19 + 13
50. 2 + 13
51. 7 + 11
52. 14 - 10
53. 14 - 7
54. 20 - 8

55. 8 - 8
56. 10 - 6
57. 12 - 2
58. 8 + 12
59. 18 - 3
60. 8 + 12

Test 87

Name: _____ Date: _____

Teacher: _____ Score: ___/60 Time: ___:___

1. 14 − 6
2. 3 + 11
3. 14 + 7
4. 11 + 15
5. 20 − 17
6. 20 + 1
7. 9 + 11
8. 16 + 5
9. 20 − 18
10. 16 + 19
11. 8 + 19
12. 7 − 4
13. 14 + 17
14. 1 + 11
15. 15 + 11
16. 8 + 6
17. 10 − 2
18. 2 + 14
19. 18 − 3
20. 17 − 2
21. 7 + 2
22. 5 + 6
23. 16 − 5
24. 15 + 10
25. 6 − 5
26. 12 − 2
27. 7 + 14
28. 15 − 14
29. 11 + 9
30. 17 − 13
31. 5 − 4
32. 3 + 7
33. 20 − 18
34. 12 − 10
35. 3 + 18
36. 16 − 14
37. 9 + 6
38. 9 + 9
39. 1 + 8
40. 7 + 3
41. 17 + 6
42. 11 + 1
43. 9 − 4
44. 10 − 7
45. 7 − 2
46. 1 + 12
47. 1 + 3
48. 16 − 1
49. 1 + 6
50. 15 − 6
51. 13 + 6
52. 19 − 7
53. 20 − 7
54. 13 − 6
55. 5 + 3
56. 8 + 20
57. 11 − 6
58. 15 + 1
59. 12 − 3
60. 14 − 3

Test 88

Name: _____   Date: _____

Teacher: _____   Score: ___/60   Time: ___:___

1. 4 + 19
2. 13 + 8
3. 7 − 7
4. 1 + 3
5. 10 − 4
6. 15 + 5

7. 4 + 14
8. 13 − 13
9. 16 − 16
10. 5 + 12
11. 10 − 6
12. 6 + 5

13. 1 + 3
14. 17 − 15
15. 10 − 4
16. 17 − 14
17. 3 + 8
18. 14 − 7

19. 16 + 6
20. 8 + 11
21. 15 + 3
22. 5 + 18
23. 13 − 4
24. 19 − 2

25. 16 + 12
26. 3 + 16
27. 9 − 7
28. 6 + 12
29. 10 + 6
30. 12 + 14

31. 9 − 7
32. 17 + 12
33. 18 − 14
34. 17 − 15
35. 19 − 8
36. 15 + 16

37. 14 + 6
38. 11 − 7
39. 13 + 19
40. 9 − 1
41. 19 − 18
42. 6 + 2

43. 5 − 3
44. 18 − 4
45. 8 + 17
46. 10 + 6
47. 10 − 3
48. 13 + 10

49. 17 − 4
50. 17 + 5
51. 15 − 11
52. 3 + 15
53. 15 + 9
54. 17 − 12

55. 13 − 3
56. 11 − 9
57. 19 + 19
58. 15 − 12
59. 15 + 14
60. 8 + 11

Test 89

Name: _____ Date: _____

Teacher: _____ Score: ___/60 Time: ___:___

1. 12 + 16
2. 2 − 1
3. 13 + 14
4. 14 + 2
5. 9 + 13
6. 16 − 13

7. 3 − 2
8. 10 − 3
9. 18 + 10
10. 12 − 2
11. 7 + 5
12. 3 − 2

13. 1 + 4
14. 8 − 4
15. 14 − 13
16. 15 − 12
17. 13 − 6
18. 19 + 2

19. 5 − 2
20. 10 − 7
21. 2 + 11
22. 11 + 10
23. 17 + 3
24. 18 − 1

25. 12 − 9
26. 18 − 7
27. 5 + 16
28. 8 + 4
29. 12 − 4
30. 3 + 13

31. 11 + 12
32. 15 − 5
33. 3 + 1
34. 13 − 6
35. 15 + 11
36. 7 + 2

37. 1 + 9
38. 10 + 3
39. 19 − 19
40. 11 − 8
41. 15 − 7
42. 16 + 5

43. 16 − 12
44. 13 − 5
45. 15 + 15
46. 10 + 2
47. 16 + 14
48. 19 − 10

49. 9 + 11
50. 17 − 2
51. 13 + 7
52. 7 + 8
53. 1 + 7
54. 13 − 6

55. 18 − 4
56. 8 − 5
57. 15 − 2
58. 19 − 9
59. 20 − 10
60. 20 + 3

Test 90

Name: _____ Date: _____

Teacher: _____ Score: ___/60 Time: ___:___

1. $16 - 10$
2. $20 - 9$
3. $7 + 19$
4. $13 + 3$
5. $7 + 16$
6. $19 + 18$

7. $11 + 10$
8. $17 - 17$
9. $3 + 10$
10. $1 + 19$
11. $7 + 8$
12. $2 + 19$

13. $20 - 15$
14. $15 + 19$
15. $16 - 11$
16. $14 + 10$
17. $17 - 11$
18. $9 + 3$

19. $19 + 11$
20. $15 + 5$
21. $1 + 16$
22. $17 - 16$
23. $19 - 3$
24. $18 - 9$

25. $19 - 2$
26. $4 + 18$
27. $20 - 6$
28. $19 - 1$
29. $8 + 17$
30. $20 - 19$

31. $2 + 5$
32. $12 + 15$
33. $18 - 6$
34. $11 + 15$
35. $11 + 2$
36. $18 - 14$

37. $20 - 13$
38. $17 - 5$
39. $20 - 12$
40. $13 + 3$
41. $15 + 3$
42. $8 - 3$

43. $19 - 16$
44. $11 + 4$
45. $17 + 12$
46. $18 - 3$
47. $6 + 4$
48. $16 - 10$

49. $8 - 3$
50. $11 - 1$
51. $11 + 7$
52. $13 - 8$
53. $20 - 13$
54. $4 + 10$

55. $20 + 20$
56. $10 + 20$
57. $5 - 3$
58. $10 + 7$
59. $18 - 5$
60. $16 - 5$

Test 91

Name: _____   Date: _____

Teacher: _____   Score: ___/60   Time: ___:___

1. 17 + 5
2. 19 - 10
3. 10 + 9
4. 4 + 12
5. 9 - 4
6. 5 + 11

7. 9 + 14
8. 3 + 9
9. 2 + 16
10. 16 - 4
11. 2 + 16
12. 10 + 7

13. 1 + 15
14. 12 + 19
15. 20 - 13
16. 10 + 7
17. 10 + 13
18. 7 - 2

19. 14 + 7
20. 10 - 9
21. 20 + 18
22. 17 + 12
23. 8 - 5
24. 7 + 1

25. 14 - 9
26. 5 + 2
27. 20 - 16
28. 9 + 11
29. 15 + 20
30. 8 - 5

31. 2 - 2
32. 9 - 5
33. 19 + 9
34. 14 - 13
35. 19 - 8
36. 9 + 7

37. 9 - 3
38. 5 + 2
39. 12 + 20
40. 10 + 16
41. 6 + 6
42. 12 - 7

43. 12 - 10
44. 12 + 5
45. 16 - 13
46. 16 - 3
47. 20 - 10
48. 11 + 17

49. 20 + 13
50. 13 + 13
51. 17 - 13
52. 7 - 4
53. 2 + 1
54. 19 - 5

55. 16 + 16
56. 18 - 15
57. 6 - 4
58. 20 - 19
59. 11 - 1
60. 17 - 15

Test 92

Name: _____ Date: _____

Teacher: _____ Score: ___/60 Time: ___:___

1. 1 + 1
2. 13 + 19
3. 10 + 6
4. 13 - 4
5. 18 + 9
6. 19 - 6
7. 14 - 13
8. 16 - 8
9. 16 + 10
10. 11 - 6
11. 16 - 7
12. 7 + 4
13. 16 - 11
14. 13 - 9
15. 11 + 19
16. 13 + 5
17. 13 + 12
18. 4 + 5
19. 15 - 7
20. 2 + 17
21. 3 + 2
22. 12 + 3
23. 20 - 18
24. 19 - 12
25. 10 - 4
26. 15 + 20
27. 13 + 19
28. 14 + 18
29. 17 + 15
30. 1 + 15
31. 12 - 12
32. 15 - 1
33. 10 + 10
34. 15 + 20
35. 10 - 7
36. 5 + 15
37. 18 - 8
38. 13 - 7
39. 11 + 4
40. 16 + 9
41. 18 + 11
42. 20 + 8
43. 13 + 11
44. 7 - 4
45. 20 - 14
46. 19 - 9
47. 5 + 12
48. 18 - 2
49. 15 - 11
50. 4 - 1
51. 20 + 19
52. 7 - 1
53. 6 + 16
54. 20 - 12
55. 8 + 18
56. 18 - 13
57. 11 + 13
58. 15 - 10
59. 19 - 4
60. 4 + 3

Test 93

Name: _____   Date: _____

Teacher: _____   Score: ____/60 Time: ____ : ____

1. 11 − 2
2. 4 + 11
3. 10 − 6
4. 16 − 9
5. 9 − 2
6. 16 − 3

7. 14 − 2
8. 18 − 6
9. 12 − 7
10. 7 − 5
11. 3 + 17
12. 14 − 10

13. 3 + 12
14. 12 + 2
15. 3 + 15
16. 15 − 8
17. 8 − 5
18. 17 − 2

19. 19 − 3
20. 16 + 16
21. 19 − 18
22. 18 + 12
23. 20 + 15
24. 3 + 7

25. 20 + 6
26. 18 − 2
27. 2 − 1
28. 8 − 3
29. 3 + 13
30. 12 + 2

31. 18 − 10
32. 20 + 20
33. 14 − 8
34. 14 + 1
35. 5 + 18
36. 20 − 4

37. 13 − 9
38. 9 − 2
39. 20 − 3
40. 19 + 4
41. 13 + 10
42. 13 + 11

43. 20 + 3
44. 16 + 8
45. 16 − 8
46. 12 + 8
47. 15 − 10
48. 5 + 5

49. 15 − 13
50. 16 − 5
51. 1 + 7
52. 20 − 19
53. 8 + 12
54. 20 − 5

55. 19 + 16
56. 20 − 1
57. 20 − 4
58. 1 + 7
59. 16 − 10
60. 13 − 12

Test 94

Name: _____ Date: ____

Teacher: _____ Score: ___/60 Time: ___:___

1. 16 - 16
2. 7 - 6
3. 1 + 17
4. 5 + 13
5. 19 - 15
6. 17 + 3

7. 8 + 1
8. 15 - 5
9. 18 - 14
10. 15 - 6
11. 12 - 8
12. 17 + 9

13. 18 - 13
14. 18 + 19
15. 20 + 1
16. 2 + 3
17. 16 + 20
18. 18 - 6

19. 14 - 8
20. 8 - 4
21. 9 + 12
22. 18 - 2
23. 11 - 6
24. 15 + 6

25. 20 - 15
26. 13 - 10
27. 7 + 3
28. 7 + 5
29. 9 + 8
30. 15 - 13

31. 9 + 11
32. 2 + 9
33. 10 + 3
34. 20 - 4
35. 17 + 11
36. 10 - 8

37. 19 - 17
38. 20 - 15
39. 9 + 8
40. 11 + 11
41. 6 + 7
42. 8 + 4

43. 5 + 8
44. 2 + 10
45. 5 - 3
46. 13 + 6
47. 2 - 2
48. 20 - 10

49. 20 - 13
50. 14 + 20
51. 14 + 14
52. 18 + 11
53. 5 + 13
54. 19 + 2

55. 18 - 14
56. 19 - 10
57. 7 + 15
58. 4 + 15
59. 20 - 5
60. 15 - 11

Test 95

Name: _____   Date: ____

Teacher: _____   Score: ___/60   Time: ___:___

1. 18 − 18
2. 20 − 7
3. 11 + 1
4. 15 − 12
5. 19 + 17
6. 18 − 11

7. 11 + 5
8. 4 + 19
9. 10 + 1
10. 11 + 3
11. 9 − 6
12. 19 + 18

13. 19 − 18
14. 17 − 1
15. 13 + 4
16. 13 + 19
17. 15 + 15
18. 16 − 13

19. 10 + 6
20. 18 + 6
21. 14 + 15
22. 20 − 8
23. 1 − 1
24. 16 − 14

25. 12 + 5
26. 4 + 1
27. 6 − 2
28. 15 − 4
29. 20 + 16
30. 5 + 7

31. 18 − 2
32. 15 + 11
33. 7 + 15
34. 15 − 11
35. 10 + 8
36. 12 + 14

37. 17 + 19
38. 11 + 3
39. 6 − 4
40. 9 + 13
41. 18 + 19
42. 18 − 17

43. 18 − 6
44. 5 + 20
45. 11 − 6
46. 15 − 10
47. 15 + 4
48. 4 + 8

49. 10 + 19
50. 8 + 15
51. 6 − 1
52. 19 − 3
53. 12 − 3
54. 6 + 4

55. 14 − 5
56. 10 − 6
57. 19 − 16
58. 18 + 8
59. 10 − 4
60. 20 − 17

Test 96

Name: _____ Date: _____

Teacher: _____ Score: ___/60 Time: __:__

1. 18 - 7
2. 4 - 1
3. 1 + 4
4. 18 - 2
5. 8 + 11
6. 4 + 14

7. 3 + 13
8. 15 + 14
9. 6 + 10
10. 5 + 15
11. 3 + 10
12. 17 + 19

13. 14 - 9
14. 19 - 9
15. 18 - 11
16. 5 + 18
17. 6 - 1
18. 9 + 14

19. 1 + 4
20. 7 - 3
21. 5 + 1
22. 16 - 9
23. 16 + 4
24. 12 + 14

25. 20 + 19
26. 17 + 12
27. 2 + 3
28. 19 - 8
29. 4 + 20
30. 13 + 10

31. 12 + 12
32. 8 - 1
33. 14 - 5
34. 20 - 13
35. 8 - 8
36. 18 - 2

37. 5 - 2
38. 6 - 2
39. 13 - 11
40. 7 + 9
41. 6 - 2
42. 20 - 5

43. 2 + 4
44. 19 - 2
45. 6 + 20
46. 11 + 5
47. 10 + 6
48. 20 - 5

49. 12 + 8
50. 10 - 7
51. 13 - 1
52. 3 + 19
53. 11 + 13
54. 9 + 15

55. 19 + 19
56. 13 - 2
57. 13 - 3
58. 18 - 2
59. 18 - 3
60. 11 - 3

Test 97

Name: _____   Date: ____

Teacher: _____   Score: ___/60 Time: ___:___

1. 14
   -12
   ___

2.   9
   + 8
   ___

3. 19
   - 1
   ___

4. 13
   - 2
   ___

5. 12
   +10
   ___

6. 15
   +19
   ___

7. 20
   -12
   ___

8.   3
   +20
   ___

9.   9
   +18
   ___

10. 4
   - 3
   ___

11. 19
   - 3
   ___

12. 17
   +16
   ___

13. 18
   +13
   ___

14. 14
   - 5
   ___

15. 13
   + 1
   ___

16. 10
   + 5
   ___

17. 5
   + 1
   ___

18. 4
   - 3
   ___

19. 19
   -17
   ___

20. 17
   -16
   ___

21. 7
   +15
   ___

22. 19
   +19
   ___

23. 18
   -14
   ___

24. 12
   -10
   ___

25. 16
   - 5
   ___

26. 15
   - 4
   ___

27. 5
   + 1
   ___

28. 10
   - 1
   ___

29. 16
   - 5
   ___

30. 18
   - 8
   ___

31. 20
   +17
   ___

32. 15
   - 2
   ___

33. 13
   - 6
   ___

34. 20
   - 5
   ___

35. 20
   +13
   ___

36. 18
   - 4
   ___

37. 20
   -18
   ___

38. 11
   - 1
   ___

39. 17
   +19
   ___

40. 20
   -11
   ___

41. 6
   +18
   ___

42. 15
   - 8
   ___

43. 2
   + 7
   ___

44. 18
   + 3
   ___

45. 1
   +19
   ___

46. 11
   +15
   ___

47. 14
   -10
   ___

48. 12
   - 5
   ___

49. 13
   - 1
   ___

50. 17
   + 2
   ___

51. 18
   +15
   ___

52. 10
   + 7
   ___

53. 19
   +10
   ___

54. 13
   + 8
   ___

55. 13
   +14
   ___

56. 9
   + 7
   ___

57. 9
   + 5
   ___

58. 20
   - 5
   ___

59. 8
   + 5
   ___

60. 12
   + 4
   ___

Test 98

Name: _____ Date: _____

Teacher: _____ Score: ___/60 Time: ___:___

1. 13 + 4
2. 13 − 11
3. 8 + 6
4. 16 − 14
5. 11 + 15
6. 20 − 1

7. 10 + 18
8. 13 − 1
9. 17 + 15
10. 18 + 10
11. 18 + 13
12. 2 + 1

13. 15 − 9
14. 3 + 7
15. 14 + 2
16. 9 + 15
17. 20 − 5
18. 8 − 3

19. 18 − 2
20. 17 − 14
21. 5 − 2
22. 9 + 3
23. 6 + 14
24. 17 − 8

25. 20 − 11
26. 3 + 11
27. 7 − 1
28. 7 + 9
29. 16 − 9
30. 12 − 6

31. 20 − 15
32. 12 − 10
33. 2 + 20
34. 9 + 2
35. 7 − 2
36. 15 − 6

37. 20 − 18
38. 3 + 17
39. 6 − 1
40. 12 − 11
41. 15 − 1
42. 9 + 6

43. 14 − 13
44. 20 − 4
45. 5 + 17
46. 14 − 5
47. 8 − 7
48. 7 + 8

49. 9 − 3
50. 7 − 1
51. 6 + 19
52. 1 + 2
53. 9 − 5
54. 9 + 16

55. 17 + 5
56. 4 − 2
57. 12 + 12
58. 19 − 3
59. 20 − 12
60. 17 − 4

Test 99

Name: _____   Date: _____

Teacher: _____   Score: ___/60   Time: ___:___

1. $17 - 8$
2. $16 - 4$
3. $15 + 14$
4. $15 + 3$
5. $5 + 14$
6. $4 + 14$

7. $18 - 16$
8. $1 + 1$
9. $6 - 6$
10. $5 + 9$
11. $20 - 4$
12. $15 - 10$

13. $10 + 7$
14. $9 - 7$
15. $10 + 8$
16. $17 - 14$
17. $15 + 19$
18. $14 - 5$

19. $17 - 7$
20. $19 - 12$
21. $17 - 8$
22. $18 + 10$
23. $19 - 14$
24. $11 - 10$

25. $3 + 16$
26. $16 - 14$
27. $19 + 2$
28. $2 + 1$
29. $4 + 10$
30. $13 - 5$

31. $11 + 13$
32. $9 + 19$
33. $1 + 16$
34. $19 + 17$
35. $12 - 5$
36. $18 + 20$

37. $15 - 4$
38. $19 - 7$
39. $1 + 11$
40. $7 + 13$
41. $17 + 20$
42. $18 + 13$

43. $16 - 13$
44. $13 + 3$
45. $10 + 2$
46. $10 + 19$
47. $4 + 7$
48. $5 - 5$

49. $18 - 10$
50. $12 - 6$
51. $18 + 20$
52. $14 - 2$
53. $14 - 8$
54. $12 + 11$

55. $14 + 13$
56. $15 + 19$
57. $1 + 16$
58. $19 + 9$
59. $18 - 17$
60. $7 + 9$

Test 100

Test 1:

1) 9 2) 6 3) 8 4) 6 5) 3 6) 6
7) 7 8) 2 9) 6 10) 6 11) 2 12) 4
13) 1 14) 7 15) 6 16) 4 17) 9 18) 4
19) 3 20) 7 21) 6 22) 4 23) 6 24) 6
25) 2 26) 4 27) 2 28) 5 29) 5 30) 2
31) 4 32) 8 33) 2 34) 3 35) 6 36) 7
37) 5 38) 4 39) 8 40) 3 41) 4 42) 6
43) 4 44) 8 45) 3 46) 0 47) 8 48) 4
49) 3 50) 1 51) 9 52) 7 53) 5 54) 6
55) 9 56) 4 57) 4 58) 10 59) 4 60) 3

Test 2:

1) 10 2) 7 3) 5 4) 6 5) 1 6) 5
7) 2 8) 6 9) 7 10) 3 11) 6 12) 5
13) 5 14) 4 15) 2 16) 7 17) 2 18) 7
19) 5 20) 3 21) 7 22) 0 23) 4 24) 4
25) 7 26) 4 27) 5 28) 9 29) 8 30) 7
31) 4 32) 4 33) 7 34) 1 35) 8 36) 5
37) 6 38) 5 39) 1 40) 5 41) 7 42) 3
43) 6 44) 3 45) 9 46) 7 47) 10 48) 1
49) 5 50) 1 51) 1 52) 4 53) 3 54) 4
55) 8 56) 10 57) 5 58) 2 59) 7 60) 6

Test 3:

1) 6 2) 3 3) 3 4) 4 5) 3 6) 5
7) 4 8) 6 9) 8 10) 9 11) 6 12) 5
13) 5 14) 4 15) 4 16) 3 17) 8 18) 3
19) 2 20) 5 21) 7 22) 6 23) 4 24) 3
25) 2 26) 4 27) 4 28) 7 29) 3 30) 6
31) 5 32) 3 33) 7 34) 4 35) 5 36) 5
37) 3 38) 6 39) 2 40) 3 41) 7 42) 5
43) 2 44) 8 45) 7 46) 5 47) 3 48) 10
49) 7 50) 5 51) 9 52) 7 53) 1 54) 7
55) 3 56) 1 57) 9 58) 8 59) 7 60) 7

Test 4:

1) 3 2) 8 3) 2 4) 9 5) 7 6) 6
7) 7 8) 10 9) 6 10) 5 11) 6 12) 7
13) 1 14) 5 15) 8 16) 7 17) 5 18) 8
19) 4 20) 6 21) 8 22) 3 23) 7 24) 4
25) 5 26) 5 27) 6 28) 8 29) 7 30) 6
31) 7 32) 5 33) 1 34) 4 35) 0 36) 8
37) 6 38) 2 39) 6 40) 7 41) 3 42) 4
43) 7 44) 5 45) 2 46) 6 47) 4 48) 2
49) 4 50) 2 51) 6 52) 2 53) 10 54) 5
55) 5 56) 2 57) 1 58) 1 59) 6 60) 6

Test 5:

1) 5 2) 6 3) 6 4) 1 5) 7 6) 4
7) 9 8) 2 9) 4 10) 4 11) 5 12) 6
13) 2 14) 7 15) 6 16) 5 17) 6 18) 3
19) 4 20) 3 21) 6 22) 6 23) 7 24) 1
25) 5 26) 9 27) 5 28) 6 29) 7 30) 5
31) 9 32) 6 33) 1 34) 10 35) 3 36) 5
37) 4 38) 3 39) 1 40) 9 41) 3 42) 2
43) 4 44) 9 45) 2 46) 7 47) 6 48) 6
49) 4 50) 7 51) 4 52) 3 53) 6 54) 7
55) 4 56) 6 57) 4 58) 3 59) 10 60) 5

Test 6:

1) 5 2) 3 3) 5 4) 5 5) 5 6) 6
7) 2 8) 10 9) 6 10) 5 11) 2 12) 6
13) 8 14) 5 15) 6 16) 2 17) 6 18) 6
19) 6 20) 4 21) 5 22) 3 23) 6 24) 4
25) 9 26) 5 27) 5 28) 5 29) 3 30) 1
31) 8 32) 9 33) 4 34) 5 35) 7 36) 1
37) 9 38) 3 39) 8 40) 5 41) 7 42) 7
43) 0 44) 7 45) 2 46) 5 47) 0 48) 8
49) 7 50) 2 51) 7 52) 3 53) 5 54) 4
55) 4 56) 6 57) 8 58) 3 59) 6 60) 1

Test 7:

1) 7 2) 3 3) 6 4) 4 5) 1 6) 1
7) 9 8) 5 9) 4 10) 9 11) 4 12) 6
13) 6 14) 1 15) 4 16) 9 17) 3 18) 3
19) 4 20) 2 21) 1 22) 2 23) 7 24) 8
25) 3 26) 5 27) 7 28) 5 29) 5 30) 0
31) 3 32) 4 33) 5 34) 7 35) 5 36) 6
37) 1 38) 4 39) 10 40) 2 41) 3 42) 5
43) 6 44) 7 45) 3 46) 5 47) 8 48) 3
49) 4 50) 10 51) 9 52) 6 53) 4 54) 6
55) 4 56) 7 57) 7 58) 3 59) 10 60) 8

Test 8:

1) 5 2) 1 3) 1 4) 8 5) 2 6) 0
7) 10 8) 5 9) 2 10) 2 11) 3 12) 7
13) 6 14) 6 15) 9 16) 1 17) 6 18) 9
19) 9 20) 3 21) 7 22) 4 23) 2 24) 2
25) 6 26) 6 27) 4 28) 5 29) 6 30) 2
31) 6 32) 10 33) 3 34) 4 35) 6 36) 7
37) 8 38) 6 39) 2 40) 7 41) 4 42) 7
43) 7 44) 5 45) 9 46) 3 47) 5 48) 5
49) 2 50) 5 51) 3 52) 5 53) 7 54) 3
55) 7 56) 5 57) 5 58) 10 59) 4 60) 7

Test 9:

1) 5 2) 10 3) 2 4) 6 5) 8 6) 5
7) 6 8) 4 9) 6 10) 5 11) 4 12) 4
13) 2 14) 7 15) 4 16) 6 17) 8 18) 6
19) 2 20) 3 21) 0 22) 5 23) 8 24) 3
25) 2 26) 5 27) 5 28) 7 29) 6 30) 9
31) 0 32) 5 33) 4 34) 3 35) 6 36) 7
37) 8 38) 4 39) 3 40) 6 41) 4 42) 4
43) 4 44) 3 45) 7 46) 2 47) 4 48) 5
49) 2 50) 9 51) 1 52) 7 53) 10 54) 6
55) 5 56) 9 57) 10 58) 2 59) 5 60) 10

Test 10:

1) 10 2) 7 3) 5 4) 4 5) 4 6) 9
7) 6 8) 6 9) 4 10) 4 11) 6 12) 4
13) 7 14) 8 15) 6 16) 6 17) 9 18) 4
19) 4 20) 3 21) 5 22) 3 23) 5 24) 5
25) 4 26) 7 27) 3 28) 6 29) 2 30) 5
31) 4 32) 3 33) 4 34) 7 35) 5 36) 3
37) 7 38) 8 39) 4 40) 2 41) 7 42) 9
43) 6 44) 2 45) 5 46) 4 47) 2 48) 2
49) 7 50) 5 51) 6 52) 4 53) 7 54) 2
55) 2 56) 4 57) 9 58) 7 59) 5 60) 1

Test 11:

1) 7 2) 3 3) 16 4) 5 5) 1 6) 9
7) 8 8) 9 9) 7 10) 6 11) 10 12) 8
13) 16 14) 9 15) 14 16) 16 17) 12 18) 20
19) 17 20) 10 21) 11 22) 11 23) 7 24) 6
25) 9 26) 10 27) 8 28) 6 29) 8 30) 16
31) 9 32) 8 33) 11 34) 10 35) 14 36) 8
37) 13 38) 12 39) 13 40) 9 41) 13 42) 0
43) 18 44) 13 45) 11 46) 3 47) 14 48) 8
49) 6 50) 3 51) 2 52) 14 53) 11 54) 9
55) 6 56) 4 57) 10 58) 10 59) 12 60) 16

Test 12:

1) 0 2) 10 3) 3 4) 10 5) 5 6) 7
7) 13 8) 8 9) 12 10) 10 11) 10 12) 12
13) 13 14) 3 15) 13 16) 13 17) 7 18) 15
19) 14 20) 5 21) 4 22) 6 23) 13 24) 9
25) 12 26) 13 27) 13 28) 11 29) 12 30) 13
31) 16 32) 8 33) 13 34) 9 35) 6 36) 8
37) 10 38) 10 39) 16 40) 9 41) 2 42) 11
43) 10 44) 10 45) 10 46) 11 47) 2 48) 12
49) 13 50) 6 51) 10 52) 8 53) 9 54) 11
55) 19 56) 4 57) 12 58) 20 59) 7 60) 13

Test 13:

1) 11 2) 7 3) 6 4) 11 5) 6 6) 1
7) 11 8) 5 9) 10 10) 10 11) 10 12) 10
13) 11 14) 5 15) 15 16) 16 17) 3 18) 12
19) 14 20) 7 21) 14 22) 10 23) 8 24) 14
25) 13 26) 14 27) 16 28) 16 29) 9 30) 11
31) 4 32) 9 33) 6 34) 18 35) 15 36) 11
37) 7 38) 13 39) 15 40) 11 41) 4 42) 12
43) 15 44) 12 45) 9 46) 16 47) 14 48) 11
49) 14 50) 12 51) 3 52) 5 53) 4 54) 2
55) 8 56) 19 57) 12 58) 2 59) 15 60) 3

Test 14:

1) 18 2) 12 3) 10 4) 11 5) 9 6) 9
7) 10 8) 11 9) 4 10) 1 11) 13 12) 13
13) 7 14) 6 15) 11 16) 15 17) 13 18) 7
19) 1 20) 11 21) 8 22) 6 23) 11 24) 10
25) 12 26) 11 27) 11 28) 5 29) 17 30) 10
31) 18 32) 15 33) 5 34) 20 35) 4 36) 10
37) 16 38) 16 39) 6 40) 15 41) 11 42) 1
43) 8 44) 12 45) 13 46) 10 47) 14 48) 13
49) 5 50) 7 51) 15 52) 3 53) 17 54) 0
55) 4 56) 15 57) 9 58) 18 59) 11 60) 9

Test 15:

1) 12 2) 15 3) 12 4) 5 5) 7 6) 16
7) 18 8) 13 9) 10 10) 12 11) 9 12) 8
13) 13 14) 5 15) 18 16) 12 17) 16 18) 5
19) 4 20) 20 21) 9 22) 13 23) 2 24) 14
25) 12 26) 10 27) 9 28) 14 29) 19 30) 2
31) 8 32) 2 33) 10 34) 7 35) 17 36) 18
37) 10 38) 12 39) 3 40) 4 41) 12 42) 4
43) 8 44) 19 45) 20 46) 8 47) 6 48) 9
49) 9 50) 8 51) 15 52) 10 53) 12 54) 14
55) 13 56) 0 57) 11 58) 14 59) 6 60) 10

Test 16:
1) 17 2) 9 3) 9 4) 12 5) 13 6) 4
7) 11 8) 15 9) 18 10) 3 11) 13 12) 7
13) 13 14) 6 15) 9 16) 14 17) 10 18) 10
19) 3 20) 15 21) 12 22) 10 23) 15 24) 17
25) 8 26) 11 27) 19 28) 8 29) 2 30) 9
31) 5 32) 2 33) 13 34) 7 35) 8 36) 12
37) 11 38) 12 39) 12 40) 9 41) 8 42) 9
43) 0 44) 17 45) 1 46) 2 47) 7 48) 5
49) 4 50) 10 51) 14 52) 9 53) 11 54) 12
55) 9 56) 9 57) 17 58) 14 59) 7 60) 9

Test 17:
1) 13 2) 16 3) 16 4) 18 5) 15 6) 11
7) 10 8) 7 9) 6 10) 12 11) 15 12) 9
13) 3 14) 11 15) 4 16) 4 17) 5 18) 10
19) 9 20) 4 21) 4 22) 17 23) 3 24) 6
25) 17 26) 15 27) 10 28) 3 29) 15 30) 5
31) 13 32) 6 33) 18 34) 6 35) 4 36) 19
37) 9 38) 11 39) 13 40) 19 41) 8 42) 10
43) 7 44) 6 45) 14 46) 3 47) 1 48) 18
49) 6 50) 11 51) 12 52) 12 53) 2 54) 11
55) 15 56) 11 57) 7 58) 5 59) 14 60) 17

Test 18:
1) 3 2) 12 3) 10 4) 8 5) 4 6) 11
7) 11 8) 18 9) 6 10) 9 11) 12 12) 4
13) 9 14) 17 15) 5 16) 13 17) 10 18) 7
19) 15 20) 6 21) 7 22) 14 23) 15 24) 10
25) 10 26) 13 27) 4 28) 7 29) 4 30) 3
31) 9 32) 10 33) 14 34) 11 35) 16 36) 10
37) 19 38) 4 39) 17 40) 9 41) 5 42) 6
43) 3 44) 10 45) 8 46) 10 47) 15 48) 9
49) 3 50) 8 51) 9 52) 5 53) 9 54) 20
55) 12 56) 8 57) 12 58) 17 59) 9 60) 12

Test 19:
1) 12 2) 8 3) 0 4) 7 5) 12 6) 9
7) 1 8) 20 9) 10 10) 7 11) 12 12) 13
13) 8 14) 8 15) 18 16) 8 17) 2 18) 11
19) 5 20) 15 21) 12 22) 3 23) 7 24) 9
25) 10 26) 9 27) 10 28) 7 29) 9 30) 11
31) 1 32) 7 33) 14 34) 11 35) 5 36) 16
37) 13 38) 9 39) 6 40) 13 41) 8 42) 12
43) 10 44) 14 45) 18 46) 2 47) 6 48) 10
49) 19 50) 11 51) 17 52) 1 53) 14 54) 7
55) 11 56) 5 57) 16 58) 20 59) 6 60) 14

Test 20:
1) 14 2) 7 3) 7 4) 13 5) 16 6) 8
7) 11 8) 7 9) 15 10) 11 11) 14 12) 7
13) 10 14) 12 15) 6 16) 12 17) 10 18) 11
19) 11 20) 8 21) 15 22) 7 23) 3 24) 8
25) 15 26) 12 27) 9 28) 5 29) 14 30) 9
31) 8 32) 8 33) 11 34) 11 35) 8 36) 12
37) 10 38) 11 39) 10 40) 7 41) 9 42) 14
43) 10 44) 17 45) 1 46) 12 47) 19 48) 5
49) 6 50) 17 51) 10 52) 3 53) 7 54) 6
55) 13 56) 14 57) 6 58) 3 59) 15 60) 4

Test 21:
1) 11 2) 15 3) 20 4) 15 5) 8 6) 17
7) 8 8) 12 9) 10 10) 4 11) 21 12) 6
13) 22 14) 24 15) 7 16) 28 17) 13 18) 13
19) 20 20) 5 21) 23 22) 28 23) 19 24) 13
25) 23 26) 16 27) 2 28) 18 29) 8 30) 23
31) 25 32) 14 33) 17 34) 17 35) 12 36) 13
37) 20 38) 25 39) 40 40) 22 41) 15 42) 23
43) 22 44) 7 45) 18 46) 3 47) 24 48) 6
49) 19 50) 15 51) 10 52) 11 53) 4 54) 10
55) 9 56) 15 57) 20 58) 3 59) 7 60) 19

Test 22:
1) 10 2) 13 3) 9 4) 8 5) 10 6) 10
7) 8 8) 9 9) 17 10) 16 11) 21 12) 9
13) 30 14) 20 15) 14 16) 2 17) 21 18) 8
19) 26 20) 7 21) 21 22) 16 23) 24 24) 21
25) 19 26) 3 27) 8 28) 21 29) 15 30) 25
31) 24 32) 22 33) 20 34) 26 35) 17 36) 7
37) 14 38) 9 39) 6 40) 11 41) 13 42) 17
43) 20 44) 9 45) 11 46) 23 47) 16 48) 10
49) 13 50) 24 51) 9 52) 16 53) 28 54) 25
55) 23 56) 6 57) 8 58) 16 59) 17 60) 7

Test 23:
1) 12 2) 17 3) 10 4) 12 5) 24 6) 5
7) 18 8) 15 9) 16 10) 2 11) 11 12) 8
13) 22 14) 13 15) 15 16) 15 17) 17 18) 13
19) 27 20) 18 21) 10 22) 25 23) 16 24) 17
25) 20 26) 27 27) 22 28) 11 29) 19 30) 22
31) 24 32) 17 33) 19 34) 22 35) 8 36) 5
37) 19 38) 13 39) 17 40) 16 41) 11 42) 20
43) 15 44) 9 45) 9 46) 5 47) 22 48) 15
49) 10 50) 16 51) 22 52) 4 53) 12 54) 15
55) 12 56) 18 57) 15 58) 5 59) 14 60) 7

Test 24:
1) 20 2) 17 3) 11 4) 7 5) 6 6) 6
7) 14 8) 15 9) 20 10) 23 11) 18 12) 20
13) 0 14) 16 15) 9 16) 6 17) 20 18) 26
19) 16 20) 16 21) 7 22) 15 23) 4 24) 9
25) 5 26) 21 27) 14 28) 15 29) 19 30) 21
31) 17 32) 17 33) 15 34) 2 35) 18 36) 20
37) 15 38) 27 39) 23 40) 22 41) 14 42) 3
43) 17 44) 11 45) 16 46) 10 47) 16 48) 10
49) 5 50) 16 51) 12 52) 20 53) 22 54) 24
55) 15 56) 18 57) 21 58) 30 59) 19 60) 22

Test 25:
1) 15 2) 9 3) 14 4) 24 5) 19 6) 22
7) 6 8) 17 9) 24 10) 21 11) 16 12) 3
13) 17 14) 21 15) 19 16) 17 17) 12 18) 14
19) 10 20) 20 21) 12 22) 26 23) 16 24) 8
25) 22 26) 18 27) 11 28) 18 29) 14 30) 20
31) 6 32) 9 33) 21 34) 11 35) 14 36) 13
37) 12 38) 27 39) 1 40) 12 41) 20 42) 5
43) 9 44) 19 45) 26 46) 12 47) 7 48) 15
49) 13 50) 15 51) 16 52) 27 53) 13 54) 6
55) 17 56) 11 57) 9 58) 23 59) 22 60) 17

Test 26:
1) 8 2) 9 3) 8 4) 13 5) 3 6) 20
7) 21 8) 13 9) 14 10) 22 11) 17 12) 22
13) 22 14) 18 15) 5 16) 3 17) 26 18) 25
19) 25 20) 7 21) 22 22) 15 23) 18 24) 16
25) 18 26) 16 27) 7 28) 9 29) 15 30) 8
31) 19 32) 3 33) 13 34) 16 35) 9 36) 12
37) 13 38) 4 39) 8 40) 19 41) 3 42) 7
43) 29 44) 20 45) 15 46) 17 47) 20 48) 27
49) 9 50) 14 51) 8 52) 13 53) 26 54) 14
55) 20 56) 18 57) 13 58) 11 59) 26 60) 18

Test 27:
1) 25 2) 20 3) 11 4) 22 5) 6 6) 22
7) 15 8) 22 9) 11 10) 20 11) 6 12) 14
13) 10 14) 14 15) 3 16) 15 17) 10 18) 20
19) 11 20) 17 21) 23 22) 2 23) 28 24) 8
25) 10 26) 15 27) 18 28) 8 29) 8 30) 21
31) 19 32) 12 33) 13 34) 26 35) 20 36) 27
37) 22 38) 22 39) 17 40) 23 41) 20 42) 12
43) 15 44) 23 45) 5 46) 14 47) 19 48) 13
49) 11 50) 11 51) 17 52) 23 53) 12 54) 4
55) 1 56) 11 57) 14 58) 14 59) 15 60) 12

Test 28:
1) 12 2) 13 3) 5 4) 7 5) 24 6) 6
7) 15 8) 27 9) 21 10) 24 11) 7 12) 22
13) 8 14) 22 15) 0 16) 17 17) 16 18) 17
19) 6 20) 3 21) 18 22) 28 23) 18 24) 16
25) 18 26) 15 27) 12 28) 10 29) 8 30) 17
31) 28 32) 8 33) 11 34) 20 35) 27 36) 4
37) 18 38) 10 39) 12 40) 20 41) 7 42) 17
43) 3 44) 17 45) 22 46) 23 47) 18 48) 2
49) 21 50) 18 51) 22 52) 9 53) 4 54) 12
55) 16 56) 16 57) 21 58) 15 59) 17 60) 19

Test 29:
1) 15 2) 19 3) 8 4) 17 5) 13 6) 15
7) 21 8) 19 9) 4 10) 11 11) 21 12) 15
13) 27 14) 26 15) 7 16) 18 17) 27 18) 22
19) 20 20) 5 21) 20 22) 17 23) 19 24) 26
25) 11 26) 19 27) 23 28) 20 29) 13 30) 15
31) 17 32) 11 33) 15 34) 6 35) 1 36) 19
37) 14 38) 27 39) 3 40) 16 41) 8 42) 2
43) 15 44) 16 45) 17 46) 14 47) 11 48) 21
49) 8 50) 12 51) 8 52) 12 53) 12 54) 15
55) 14 56) 4 57) 22 58) 20 59) 19 60) 18

Test 30:
1) 23 2) 15 3) 9 4) 22 5) 12 6) 15
7) 17 8) 19 9) 15 10) 14 11) 24 12) 10
13) 8 14) 20 15) 19 16) 18 17) 7 18) 26
19) 21 20) 4 21) 9 22) 21 23) 16 24) 20
25) 11 26) 15 27) 24 28) 8 29) 20 30) 16
31) 15 32) 6 33) 20 34) 22 35) 3 36) 24
37) 6 38) 9 39) 13 40) 22 41) 12 42) 4
43) 9 44) 21 45) 12 46) 23 47) 22 48) 21
49) 26 50) 9 51) 5 52) 18 53) 5 54) 17
55) 12 56) 6 57) 13 58) 13 59) 18 60) 1

Test 31:
1) 32 2) 29 3) 20 4) 21 5) 21 6) 9
7) 27 8) 4 9) 23 10) 21 11) 14 12) 24
13) 14 14) 21 15) 13 16) 29 17) 14 18) 24
19) 23 20) 23 21) 22 22) 19 23) 22 24) 19
25) 11 26) 9 27) 32 28) 22 29) 10 30) 27
31) 20 32) 36 33) 11 34) 7 35) 36 36) 35
37) 14 38) 15 39) 16 40) 10 41) 20 42) 15
43) 19 44) 4 45) 21 46) 30 47) 34 48) 16
49) 36 50) 29 51) 21 52) 11 53) 32 54) 19
55) 11 56) 20 57) 17 58) 18 59) 18 60) 20

Test 32:
1) 17 2) 24 3) 20 4) 6 5) 21 6) 15
7) 22 8) 14 9) 12 10) 27 11) 36 12) 15
13) 10 14) 8 15) 4 16) 20 17) 13 18) 20
19) 16 20) 22 21) 33 22) 1 23) 23 24) 29
25) 28 26) 11 27) 24 28) 6 29) 31 30) 15
31) 18 32) 3 33) 20 34) 30 35) 19 36) 38
37) 26 38) 20 39) 23 40) 12 41) 27 42) 5
43) 18 44) 20 45) 34 46) 20 47) 24 48) 27
49) 15 50) 35 51) 26 52) 14 53) 23 54) 29
55) 17 56) 23 57) 31 58) 27 59) 11 60) 19

Test 33:
1) 18 2) 6 3) 13 4) 31 5) 20 6) 40
7) 36 8) 8 9) 22 10) 13 11) 19 12) 0
13) 25 14) 12 15) 31 16) 8 17) 24 18) 32
19) 20 20) 16 21) 12 22) 12 23) 14 24) 18
25) 26 26) 31 27) 25 28) 12 29) 16 30) 33
31) 15 32) 13 33) 33 34) 16 35) 32 36) 28
37) 20 38) 22 39) 22 40) 33 41) 19 42) 12
43) 10 44) 31 45) 19 46) 17 47) 31 48) 18
49) 17 50) 15 51) 14 52) 17 53) 14 54) 20
55) 18 56) 16 57) 27 58) 13 59) 30 60) 15

Test 34:
1) 28 2) 23 3) 39 4) 8 5) 23 6) 18
7) 17 8) 28 9) 19 10) 31 11) 3 12) 13
13) 19 14) 17 15) 24 16) 24 17) 19 18) 21
19) 21 20) 1 21) 8 22) 24 23) 11 24) 16
25) 16 26) 18 27) 36 28) 1 29) 21 30) 19
31) 24 32) 22 33) 25 34) 14 35) 24 36) 12
37) 20 38) 12 39) 13 40) 19 41) 16 42) 25
43) 26 44) 25 45) 18 46) 20 47) 30 48) 25
49) 20 50) 15 51) 16 52) 21 53) 29 54) 19
55) 20 56) 24 57) 31 58) 15 59) 11 60) 25

Test 35:
1) 20 2) 5 3) 26 4) 36 5) 19 6) 12
7) 16 8) 21 9) 25 10) 22 11) 21 12) 22
13) 22 14) 17 15) 17 16) 25 17) 23 18) 6
19) 31 20) 13 21) 13 22) 19 23) 18 24) 10
25) 22 26) 17 27) 17 28) 32 29) 23 30) 24
31) 20 32) 20 33) 20 34) 20 35) 20 36) 28
37) 34 38) 21 39) 18 40) 13 41) 33 42) 34
43) 21 44) 24 45) 16 46) 24 47) 24 48) 2
49) 8 50) 4 51) 11 52) 4 53) 19 54) 24
55) 28 56) 19 57) 11 58) 20 59) 38 60) 11

Test 36:
1) 40 2) 26 3) 37 4) 20 5) 21 6) 28
7) 9 8) 14 9) 20 10) 22 11) 22 12) 21
13) 18 14) 17 15) 27 16) 4 17) 19 18) 26
19) 9 20) 19 21) 16 22) 22 23) 14 24) 22
25) 23 26) 8 27) 23 28) 18 29) 30 30) 8
31) 22 32) 13 33) 12 34) 18 35) 15 36) 22
37) 26 38) 23 39) 18 40) 12 41) 33 42) 30
43) 24 44) 19 45) 29 46) 14 47) 22 48) 20
49) 21 50) 35 51) 10 52) 15 53) 16 54) 25
55) 20 56) 18 57) 1 58) 21 59) 29 60) 18

Test 37:
1) 15 2) 24 3) 31 4) 17 5) 14 6) 16
7) 30 8) 22 9) 15 10) 33 11) 10 12) 26
13) 17 14) 31 15) 4 16) 11 17) 7 18) 24
19) 23 20) 22 21) 20 22) 9 23) 17 24) 24
25) 8 26) 11 27) 25 28) 12 29) 33 30) 28
31) 19 32) 17 33) 23 34) 17 35) 17 36) 31
37) 19 38) 26 39) 8 40) 26 41) 4 42) 9
43) 19 44) 31 45) 28 46) 15 47) 29 48) 28
49) 18 50) 19 51) 14 52) 35 53) 21 54) 23
55) 9 56) 29 57) 22 58) 31 59) 18 60) 9

Test 38:
1) 30 2) 17 3) 19 4) 10 5) 27 6) 14
7) 8 8) 15 9) 15 10) 20 11) 6 12) 20
13) 37 14) 26 15) 5 16) 11 17) 10 18) 31
19) 17 20) 29 21) 22 22) 17 23) 10 24) 31
25) 21 26) 9 27) 14 28) 15 29) 30 30) 19
31) 5 32) 39 33) 24 34) 9 35) 22 36) 9
37) 17 38) 33 39) 24 40) 26 41) 27 42) 18
43) 8 44) 28 45) 35 46) 16 47) 21 48) 28
49) 19 50) 10 51) 24 52) 19 53) 21 54) 22
55) 27 56) 20 57) 25 58) 24 59) 25 60) 1

Test 39:
1) 34 2) 27 3) 27 4) 29 5) 15 6) 20
7) 4 8) 7 9) 11 10) 14 11) 9 12) 15
13) 10 14) 12 15) 23 16) 30 17) 7 18) 18
19) 30 20) 23 21) 30 22) 15 23) 20 24) 24
25) 12 26) 33 27) 1 28) 11 29) 20 30) 30
31) 11 32) 16 33) 25 34) 15 35) 11 36) 28
37) 5 38) 15 39) 38 40) 7 41) 16 42) 38
43) 16 44) 26 45) 18 46) 28 47) 25 48) 31
49) 15 50) 21 51) 3 52) 36 53) 4 54) 26
55) 25 56) 9 57) 30 58) 12 59) 30 60) 33

Test 40:
1) 29 2) 14 3) 22 4) 10 5) 15 6) 14
7) 25 8) 36 9) 19 10) 18 11) 17 12) 19
13) 22 14) 27 15) 12 16) 22 17) 8 18) 26
19) 24 20) 4 21) 14 22) 36 23) 24 24) 13
25) 26 26) 36 27) 15 28) 14 29) 22 30) 25
31) 7 32) 27 33) 33 34) 19 35) 27 36) 22
37) 29 38) 30 39) 10 40) 23 41) 30 42) 16
43) 10 44) 13 45) 11 46) 37 47) 16 48) 14
49) 4 50) 24 51) 30 52) 23 53) 18 54) 27
55) 17 56) 26 57) 4 58) 18 59) 24 60) 11

Test 41:
1) 2 2) 3 3) 4 4) 1 5) 1 6) 2
7) 4 8) 2 9) 3 10) 1 11) 2 12) 1
13) 3 14) 3 15) 4 16) 2 17) 0 18) 3
19) 3 20) 1 21) 2 22) 3 23) 4 24) 2
25) 2 26) 3 27) 0 28) 1 29) 5 30) 1
31) 1 32) 0 33) 5 34) 4 35) 4 36) 5
37) 3 38) 1 39) 2 40) 2 41) 0 42) 0
43) 2 44) 2 45) 2 46) 1 47) 0 48) 2
49) 1 50) 1 51) 1 52) 2 53) 0 54) 1
55) 4 56) 2 57) 5 58) 2 59) 4 60) 1

Test 42:
1) 0 2) 1 3) 3 4) 3 5) 3 6) 1
7) 2 8) 2 9) 3 10) 3 11) 5 12) 1
13) 0 14) 4 15) 2 16) 1 17) 1 18) 4
19) 0 20) 1 21) 4 22) 1 23) 2 24) 3
25) 3 26) 1 27) 1 28) 0 29) 4 30) 1
31) 3 32) 2 33) 4 34) 1 35) 5 36) 1
37) 3 38) 3 39) 3 40) 1 41) 2 42) 2
43) 1 44) 2 45) 1 46) 4 47) 1 48) 2
49) 1 50) 3 51) 1 52) 1 53) 1 54) 1
55) 2 56) 4 57) 1 58) 5 59) 1 60) 3

Test 43:
1) 4 2) 5 3) 1 4) 0 5) 1 6) 2
7) 5 8) 0 9) 4 10) 3 11) 0 12) 1
13) 0 14) 2 15) 1 16) 0 17) 2 18) 3
19) 1 20) 0 21) 3 22) 5 23) 1 24) 3
25) 1 26) 2 27) 1 28) 2 29) 3 30) 0
31) 3 32) 1 33) 1 34) 5 35) 3 36) 4
37) 1 38) 1 39) 1 40) 2 41) 5 42) 1
43) 1 44) 4 45) 2 46) 1 47) 0 48) 3
49) 2 50) 0 51) 3 52) 1 53) 1 54) 5
55) 3 56) 4 57) 3 58) 1 59) 2 60) 5

Test 44:
1) 2 2) 5 3) 2 4) 4 5) 2 6) 2
7) 1 8) 1 9) 1 10) 5 11) 4 12) 0
13) 3 14) 2 15) 0 16) 1 17) 2 18) 1
19) 3 20) 3 21) 1 22) 1 23) 3 24) 1
25) 3 26) 3 27) 2 28) 1 29) 2 30) 2
31) 4 32) 2 33) 1 34) 2 35) 0 36) 3
37) 3 38) 3 39) 4 40) 2 41) 3 42) 2
43) 5 44) 4 45) 3 46) 1 47) 1 48) 1
49) 1 50) 2 51) 4 52) 3 53) 2 54) 0
55) 4 56) 2 57) 2 58) 0 59) 1 60) 2

Test 45:
1) 3 2) 5 3) 2 4) 3 5) 4 6) 1
7) 1 8) 2 9) 3 10) 2 11) 2 12) 1
13) 4 14) 2 15) 0 16) 2 17) 3 18) 1
19) 4 20) 0 21) 2 22) 2 23) 1 24) 3
25) 2 26) 1 27) 3 28) 1 29) 2 30) 1
31) 2 32) 2 33) 2 34) 1 35) 4 36) 1
37) 0 38) 1 39) 4 40) 1 41) 0 42) 1
43) 2 44) 1 45) 0 46) 1 47) 0 48) 2
49) 1 50) 4 51) 4 52) 5 53) 1 54) 4
55) 4 56) 1 57) 3 58) 2 59) 4 60) 1

Test 46:
1) 1 2) 1 3) 2 4) 1 5) 1 6) 1
7) 4 8) 3 9) 0 10) 3 11) 0 12) 1
13) 1 14) 3 15) 0 16) 4 17) 0 18) 1
19) 1 20) 0 21) 3 22) 2 23) 1 24) 2
25) 1 26) 0 27) 3 28) 4 29) 1 30) 0
31) 2 32) 5 33) 0 34) 4 35) 2 36) 0
37) 0 38) 2 39) 0 40) 3 41) 1 42) 1
43) 2 44) 5 45) 1 46) 1 47) 2 48) 1
49) 0 50) 5 51) 4 52) 4 53) 0 54) 2
55) 0 56) 0 57) 3 58) 3 59) 2 60) 0

Test 47:
1) 4 2) 2 3) 5 4) 1 5) 2 6) 0
7) 1 8) 2 9) 1 10) 0 11) 0 12) 2
13) 4 14) 2 15) 0 16) 4 17) 0 18) 2
19) 1 20) 5 21) 1 22) 2 23) 3 24) 0
25) 2 26) 2 27) 2 28) 4 29) 2 30) 3
31) 1 32) 1 33) 1 34) 2 35) 3 36) 2
37) 2 38) 2 39) 3 40) 2 41) 2 42) 2
43) 1 44) 2 45) 0 46) 3 47) 1 48) 2
49) 1 50) 3 51) 4 52) 2 53) 1 54) 2
55) 0 56) 4 57) 2 58) 2 59) 3 60) 1

Test 48:
1) 4 2) 3 3) 1 4) 3 5) 1 6) 3
7) 2 8) 3 9) 2 10) 3 11) 0 12) 1
13) 1 14) 3 15) 0 16) 1 17) 3 18) 3
19) 0 20) 2 21) 2 22) 2 23) 0 24) 1
25) 2 26) 3 27) 1 28) 0 29) 2 30) 2
31) 0 32) 3 33) 0 34) 2 35) 0 36) 1
37) 0 38) 4 39) 0 40) 2 41) 1 42) 0
43) 0 44) 3 45) 0 46) 0 47) 3 48) 0
49) 0 50) 3 51) 1 52) 1 53) 2 54) 4
55) 2 56) 1 57) 1 58) 3 59) 1 60) 1

Test 49:
1) 1 2) 4 3) 0 4) 1 5) 4 6) 5
7) 2 8) 1 9) 0 10) 3 11) 1 12) 2
13) 3 14) 0 15) 5 16) 1 17) 0 18) 2
19) 1 20) 4 21) 0 22) 3 23) 3 24) 1
25) 2 26) 2 27) 1 28) 0 29) 4 30) 2
31) 1 32) 0 33) 1 34) 0 35) 2 36) 3
37) 5 38) 4 39) 2 40) 0 41) 1 42) 4
43) 2 44) 1 45) 1 46) 1 47) 3 48) 4
49) 1 50) 4 51) 3 52) 2 53) 4 54) 0
55) 4 56) 0 57) 1 58) 2 59) 1 60) 0

Test 50:
1) 4 2) 3 3) 2 4) 1 5) 3 6) 0
7) 1 8) 3 9) 5 10) 2 11) 3 12) 2
13) 5 14) 0 15) 0 16) 4 17) 1 18) 3
19) 4 20) 0 21) 0 22) 1 23) 4 24) 1
25) 0 26) 1 27) 1 28) 4 29) 0 30) 5
31) 2 32) 4 33) 2 34) 0 35) 2 36) 2
37) 0 38) 1 39) 2 40) 1 41) 2 42) 2
43) 0 44) 5 45) 1 46) 2 47) 2 48) 3
49) 1 50) 5 51) 4 52) 3 53) 1 54) 3
55) 5 56) 1 57) 2 58) 2 59) 3 60) 1

Test 51:
1) 4 2) 0 3) 3 4) 6 5) 4 6) 3
7) 0 8) 4 9) 1 10) 2 11) 3 12) 2
13) 0 14) 1 15) 1 16) 1 17) 0 18) 7
19) 4 20) 0 21) 2 22) 7 23) 3 24) 1
25) 3 26) 2 27) 1 28) 3 29) 4 30) 1
31) 3 32) 4 33) 4 34) 4 35) 3 36) 4
37) 3 38) 2 39) 2 40) 3 41) 2 42) 0
43) 0 44) 8 45) 3 46) 6 47) 4 48) 1
49) 2 50) 1 51) 4 52) 0 53) 2 54) 5
55) 8 56) 4 57) 4 58) 2 59) 2 60) 5

Test 52:
1) 6 2) 4 3) 9 4) 1 5) 4 6) 3
7) 4 8) 3 9) 6 10) 2 11) 1 12) 5
13) 3 14) 7 15) 6 16) 3 17) 1 18) 7
19) 6 20) 8 21) 3 22) 5 23) 7 24) 6
25) 2 26) 1 27) 5 28) 4 29) 2 30) 0
31) 1 32) 2 33) 7 34) 8 35) 4 36) 3
37) 5 38) 4 39) 6 40) 3 41) 2 42) 8
43) 2 44) 7 45) 5 46) 0 47) 6 48) 0
49) 3 50) 1 51) 3 52) 0 53) 4 54) 7
55) 5 56) 0 57) 0 58) 1 59) 3 60) 1

Test 53:
1) 2 2) 2 3) 2 4) 4 5) 4 6) 6
7) 3 8) 2 9) 1 10) 4 11) 1 12) 7
13) 3 14) 4 15) 4 16) 0 17) 8 18) 5
19) 1 20) 5 21) 1 22) 3 23) 6 24) 1
25) 2 26) 2 27) 5 28) 0 29) 3 30) 2
31) 3 32) 10 33) 1 34) 7 35) 8 36) 9
37) 0 38) 3 39) 4 40) 2 41) 2 42) 5
43) 1 44) 1 45) 6 46) 4 47) 6 48) 7
49) 4 50) 2 51) 5 52) 0 53) 1 54) 3
55) 3 56) 3 57) 7 58) 6 59) 3 60) 0

Test 54:
1) 5 2) 2 3) 4 4) 6 5) 1 6) 5
7) 2 8) 5 9) 8 10) 1 11) 5 12) 5
13) 10 14) 2 15) 1 16) 8 17) 6 18) 0
19) 4 20) 2 21) 4 22) 8 23) 5 24) 4
25) 7 26) 4 27) 3 28) 4 29) 4 30) 0
31) 5 32) 5 33) 7 34) 2 35) 5 36) 0
37) 4 38) 1 39) 3 40) 5 41) 1 42) 1
43) 7 44) 3 45) 0 46) 1 47) 8 48) 10
49) 4 50) 1 51) 0 52) 7 53) 8 54) 4
55) 4 56) 6 57) 0 58) 3 59) 1 60) 3

Test 55:
1) 3 2) 2 3) 4 4) 4 5) 4 6) 5
7) 4 8) 2 9) 5 10) 2 11) 5 12) 0
13) 1 14) 3 15) 1 16) 3 17) 2 18) 6
19) 6 20) 2 21) 3 22) 4 23) 3 24) 0
25) 2 26) 9 27) 6 28) 5 29) 6 30) 8
31) 2 32) 0 33) 4 34) 6 35) 8 36) 4
37) 7 38) 0 39) 0 40) 9 41) 6 42) 2
43) 2 44) 0 45) 1 46) 1 47) 4 48) 5
49) 4 50) 8 51) 2 52) 2 53) 2 54) 3
55) 0 56) 3 57) 1 58) 7 59) 3 60) 4

Test 56:
1) 3 2) 2 3) 2 4) 2 5) 2 6) 3
7) 10 8) 9 9) 5 10) 1 11) 4 12) 3
13) 6 14) 9 15) 10 16) 2 17) 3 18) 4
19) 1 20) 4 21) 6 22) 3 23) 1 24) 3
25) 0 26) 4 27) 4 28) 0 29) 5 30) 2
31) 4 32) 9 33) 6 34) 9 35) 4 36) 4
37) 5 38) 2 39) 5 40) 6 41) 4 42) 1
43) 5 44) 3 45) 6 46) 2 47) 5 48) 7
49) 4 50) 8 51) 2 52) 3 53) 6 54) 5
55) 2 56) 4 57) 1 58) 4 59) 2 60) 0

Test 57:
1) 2 2) 9 3) 3 4) 4 5) 3 6) 3
7) 0 8) 3 9) 4 10) 6 11) 3 12) 3
13) 2 14) 5 15) 5 16) 0 17) 1 18) 7
19) 2 20) 2 21) 9 22) 1 23) 3 24) 8
25) 1 26) 3 27) 3 28) 0 29) 1 30) 0
31) 3 32) 2 33) 1 34) 4 35) 8 36) 5
37) 7 38) 8 39) 6 40) 1 41) 5 42) 0
43) 7 44) 1 45) 8 46) 4 47) 1 48) 4
49) 5 50) 0 51) 0 52) 8 53) 3 54) 6
55) 1 56) 5 57) 5 58) 0 59) 6 60) 0

Test 58:
1) 8 2) 2 3) 4 4) 7 5) 2 6) 0
7) 3 8) 3 9) 1 10) 2 11) 4 12) 3
13) 4 14) 2 15) 2 16) 4 17) 5 18) 3
19) 2 20) 1 21) 0 22) 7 23) 10 24) 2
25) 1 26) 7 27) 8 28) 0 29) 2 30) 2
31) 5 32) 5 33) 4 34) 4 35) 3 36) 4
37) 3 38) 4 39) 8 40) 10 41) 0 42) 1
43) 0 44) 1 45) 3 46) 6 47) 8 48) 2
49) 3 50) 1 51) 4 52) 4 53) 5 54) 1
55) 2 56) 4 57) 7 58) 4 59) 1 60) 0

Test 59:
1) 2 2) 0 3) 7 4) 4 5) 0 6) 5
7) 2 8) 3 9) 4 10) 0 11) 3 12) 0
13) 1 14) 1 15) 2 16) 4 17) 7 18) 6
19) 2 20) 3 21) 7 22) 7 23) 3 24) 3
25) 6 26) 9 27) 0 28) 2 29) 6 30) 5
31) 4 32) 4 33) 9 34) 3 35) 6 36) 4
37) 6 38) 5 39) 5 40) 8 41) 0 42) 2
43) 1 44) 2 45) 2 46) 3 47) 7 48) 2
49) 4 50) 4 51) 6 52) 5 53) 3 54) 4
55) 3 56) 0 57) 4 58) 0 59) 1 60) 3

Test 60:
1) 9 2) 5 3) 4 4) 0 5) 1 6) 1
7) 1 8) 5 9) 9 10) 5 11) 6 12) 2
13) 3 14) 8 15) 7 16) 1 17) 2 18) 1
19) 8 20) 2 21) 2 22) 1 23) 2 24) 5
25) 4 26) 1 27) 3 28) 3 29) 2 30) 0
31) 3 32) 4 33) 4 34) 3 35) 4 36) 5
37) 2 38) 4 39) 6 40) 1 41) 5 42) 3
43) 0 44) 3 45) 5 46) 1 47) 10 48) 1
49) 2 50) 6 51) 2 52) 6 53) 2 54) 2
55) 1 56) 8 57) 5 58) 6 59) 5 60) 2

Test 61:
1) 13 2) 2 3) 11 4) 5 5) 4 6) 9
7) 7 8) 10 9) 5 10) 1 11) 2 12) 2
13) 2 14) 8 15) 4 16) 1 17) 5 18) 3
19) 6 20) 11 21) 12 22) 10 23) 1 24) 1
25) 4 26) 2 27) 2 28) 0 29) 8 30) 5
31) 12 32) 5 33) 6 34) 5 35) 0 36) 10
37) 6 38) 4 39) 11 40) 1 41) 13 42) 0
43) 1 44) 8 45) 4 46) 1 47) 4 48) 4
49) 6 50) 10 51) 2 52) 4 53) 5 54) 2
55) 1 56) 5 57) 1 58) 2 59) 7 60) 13

Test 62:
1) 5 2) 13 3) 8 4) 4 5) 1 6) 0
7) 8 8) 1 9) 5 10) 1 11) 10 12) 2
13) 5 14) 3 15) 1 16) 0 17) 9 18) 5
19) 13 20) 4 21) 0 22) 6 23) 13 24) 5
25) 2 26) 2 27) 3 28) 11 29) 3 30) 4
31) 1 32) 12 33) 9 34) 12 35) 9 36) 7
37) 2 38) 3 39) 8 40) 3 41) 4 42) 2
43) 5 44) 7 45) 4 46) 1 47) 12 48) 5
49) 6 50) 14 51) 3 52) 8 53) 1 54) 1
55) 7 56) 1 57) 7 58) 11 59) 4 60) 8

Test 63:
1) 11 2) 1 3) 0 4) 2 5) 0 6) 1
7) 0 8) 9 9) 6 10) 12 11) 0 12) 3
13) 5 14) 10 15) 9 16) 3 17) 2 18) 8
19) 7 20) 4 21) 5 22) 4 23) 9 24) 10
25) 0 26) 3 27) 1 28) 3 29) 13 30) 3
31) 3 32) 11 33) 11 34) 4 35) 1 36) 12
37) 2 38) 2 39) 10 40) 7 41) 8 42) 5
43) 9 44) 11 45) 3 46) 1 47) 2 48) 3
49) 5 50) 3 51) 7 52) 3 53) 10 54) 5
55) 4 56) 10 57) 1 58) 14 59) 0 60) 3

Test 64:
1) 2 2) 3 3) 2 4) 3 5) 9 6) 1
7) 7 8) 5 9) 5 10) 0 11) 5 12) 1
13) 4 14) 7 15) 6 16) 3 17) 3 18) 9
19) 2 20) 14 21) 5 22) 1 23) 8 24) 6
25) 2 26) 9 27) 11 28) 2 29) 2 30) 3
31) 3 32) 2 33) 2 34) 6 35) 5 36) 6
37) 3 38) 2 39) 1 40) 4 41) 8 42) 2
43) 1 44) 1 45) 4 46) 3 47) 4 48) 8
49) 0 50) 6 51) 11 52) 11 53) 1 54) 13
55) 8 56) 1 57) 9 58) 3 59) 14 60) 4

Test 65:
1) 1 2) 3 3) 3 4) 15 5) 5 6) 3
7) 1 8) 0 9) 3 10) 6 11) 9 12) 9
13) 3 14) 7 15) 10 16) 3 17) 0 18) 5
19) 0 20) 8 21) 5 22) 0 23) 10 24) 4
25) 0 26) 4 27) 4 28) 1 29) 4 30) 7
31) 2 32) 5 33) 4 34) 9 35) 5 36) 5
37) 10 38) 2 39) 4 40) 0 41) 5 42) 10
43) 6 44) 13 45) 1 46) 3 47) 3 48) 7
49) 0 50) 5 51) 3 52) 6 53) 2 54) 4
55) 8 56) 1 57) 13 58) 5 59) 11 60) 1

Test 66:
1) 6 2) 11 3) 2 4) 9 5) 3 6) 0
7) 2 8) 1 9) 3 10) 3 11) 1 12) 5
13) 6 14) 1 15) 10 16) 0 17) 3 18) 6
19) 4 20) 2 21) 10 22) 6 23) 7 24) 3
25) 4 26) 4 27) 9 28) 11 29) 1 30) 13
31) 4 32) 1 33) 6 34) 1 35) 1 36) 1
37) 2 38) 1 39) 10 40) 3 41) 2 42) 6
43) 8 44) 14 45) 7 46) 6 47) 9 48) 2
49) 0 50) 3 51) 3 52) 6 53) 9 54) 5
55) 2 56) 0 57) 1 58) 11 59) 5 60) 13

Test 67:
1) 11 2) 3 3) 2 4) 1 5) 9 6) 10
7) 11 8) 5 9) 3 10) 11 11) 7 12) 2
13) 1 14) 1 15) 2 16) 10 17) 4 18) 4
19) 4 20) 11 21) 1 22) 7 23) 5 24) 1
25) 4 26) 11 27) 5 28) 1 29) 10 30) 1
31) 1 32) 6 33) 1 34) 12 35) 3 36) 5
37) 6 38) 5 39) 10 40) 2 41) 2 42) 2
43) 13 44) 0 45) 8 46) 10 47) 5 48) 5
49) 3 50) 8 51) 13 52) 11 53) 4 54) 1
55) 7 56) 1 57) 6 58) 10 59) 4 60) 0

Test 68:
1) 7 2) 6 3) 4 4) 1 5) 3 6) 1
7) 8 8) 11 9) 0 10) 2 11) 4 12) 3
13) 0 14) 8 15) 12 16) 9 17) 0 18) 6
19) 4 20) 10 21) 14 22) 4 23) 3 24) 0
25) 9 26) 0 27) 7 28) 6 29) 3 30) 1
31) 6 32) 13 33) 1 34) 0 35) 5 36) 0
37) 7 38) 14 39) 0 40) 9 41) 8 42) 6
43) 1 44) 10 45) 5 46) 2 47) 7 48) 8
49) 8 50) 0 51) 9 52) 2 53) 3 54) 2
55) 0 56) 13 57) 8 58) 3 59) 11 60) 3

Test 69:
1) 9 2) 1 3) 6 4) 8 5) 7 6) 4
7) 14 8) 8 9) 1 10) 0 11) 9 12) 13
13) 2 14) 2 15) 5 16) 1 17) 11 18) 12
19) 10 20) 10 21) 0 22) 9 23) 3 24) 2
25) 3 26) 1 27) 12 28) 1 29) 6 30) 13
31) 3 32) 1 33) 13 34) 10 35) 6 36) 3
37) 6 38) 5 39) 2 40) 9 41) 0 42) 9
43) 10 44) 2 45) 12 46) 9 47) 0 48) 7
49) 3 50) 12 51) 4 52) 5 53) 8 54) 3
55) 1 56) 6 57) 14 58) 3 59) 1 60) 6

Test 70:
1) 1 2) 1 3) 7 4) 8 5) 8 6) 7
7) 6 8) 3 9) 14 10) 2 11) 3 12) 7
13) 2 14) 5 15) 2 16) 7 17) 5 18) 3
19) 1 20) 6 21) 3 22) 0 23) 8 24) 10
25) 5 26) 2 27) 6 28) 1 29) 3 30) 1
31) 3 32) 2 33) 8 34) 5 35) 12 36) 2
37) 1 38) 1 39) 7 40) 9 41) 14 42) 7
43) 3 44) 4 45) 6 46) 9 47) 12 48) 2
49) 5 50) 4 51) 12 52) 1 53) 0 54) 10
55) 1 56) 3 57) 12 58) 9 59) 7 60) 8

Test 71:
1) 1 2) 5 3) 8 4) 6 5) 3 6) 4
7) 5 8) 1 9) 0 10) 13 11) 10 12) 1
13) 16 14) 10 15) 6 16) 2 17) 9 18) 2
19) 14 20) 2 21) 7 22) 3 23) 13 24) 14
25) 5 26) 15 27) 8 28) 9 29) 18 30) 3
31) 1 32) 0 33) 8 34) 3 35) 16 36) 4
37) 3 38) 1 39) 6 40) 10 41) 1 42) 2
43) 6 44) 5 45) 2 46) 4 47) 12 48) 3
49) 1 50) 16 51) 11 52) 1 53) 3 54) 5
55) 0 56) 3 57) 8 58) 9 59) 5 60) 2

Test 72:
1) 11 2) 3 3) 10 4) 9 5) 8 6) 4
7) 17 8) 16 9) 3 10) 13 11) 6 12) 14
13) 0 14) 0 15) 2 16) 1 17) 18 18) 3
19) 4 20) 4 21) 19 22) 0 23) 11 24) 10
25) 6 26) 1 27) 5 28) 10 29) 14 30) 9
31) 12 32) 3 33) 10 34) 7 35) 1 36) 2
37) 0 38) 6 39) 7 40) 5 41) 14 42) 7
43) 13 44) 9 45) 1 46) 2 47) 2 48) 1
49) 2 50) 5 51) 4 52) 4 53) 2 54) 11
55) 15 56) 8 57) 6 58) 2 59) 2 60) 4

Test 73:
1) 4 2) 9 3) 4 4) 5 5) 10 6) 2
7) 2 8) 10 9) 2 10) 1 11) 4 12) 6
13) 1 14) 13 15) 7 16) 6 17) 3 18) 3
19) 1 20) 4 21) 8 22) 11 23) 8 24) 11
25) 3 26) 1 27) 8 28) 13 29) 2 30) 5
31) 3 32) 14 33) 1 34) 9 35) 18 36) 4
37) 1 38) 5 39) 7 40) 6 41) 6 42) 3
43) 15 44) 2 45) 14 46) 6 47) 11 48) 1
49) 13 50) 0 51) 6 52) 6 53) 8 54) 16
55) 14 56) 8 57) 9 58) 12 59) 1 60) 7

Test 74:
1) 15 2) 1 3) 1 4) 0 5) 8 6) 2
7) 1 8) 8 9) 12 10) 12 11) 2 12) 4
13) 10 14) 6 15) 7 16) 3 17) 6 18) 6
19) 15 20) 0 21) 3 22) 0 23) 2 24) 3
25) 8 26) 14 27) 6 28) 8 29) 12 30) 8
31) 10 32) 0 33) 13 34) 10 35) 15 36) 2
37) 11 38) 14 39) 5 40) 9 41) 3 42) 2
43) 11 44) 1 45) 2 46) 11 47) 4 48) 4
49) 12 50) 4 51) 4 52) 7 53) 5 54) 2
55) 13 56) 20 57) 10 58) 6 59) 2 60) 6

Test 75:
1) 7 2) 8 3) 1 4) 3 5) 4 6) 5
7) 16 8) 12 9) 7 10) 12 11) 13 12) 3
13) 11 14) 5 15) 2 16) 15 17) 6 18) 2
19) 1 20) 0 21) 7 22) 6 23) 1 24) 11
25) 4 26) 2 27) 8 28) 6 29) 11 30) 4
31) 12 32) 10 33) 14 34) 7 35) 9 36) 3
37) 6 38) 17 39) 5 40) 6 41) 2 42) 10
43) 2 44) 11 45) 15 46) 2 47) 11 48) 7
49) 12 50) 0 51) 1 52) 7 53) 6 54) 5
55) 8 56) 1 57) 2 58) 17 59) 5 60) 7

Test 76:
1) 6 2) 3 3) 1 4) 9 5) 6 6) 8
7) 2 8) 17 9) 11 10) 7 11) 5 12) 5
13) 16 14) 4 15) 6 16) 6 17) 2 18) 8
19) 13 20) 6 21) 9 22) 3 23) 0 24) 19
25) 6 26) 8 27) 17 28) 8 29) 13 30) 3
31) 16 32) 10 33) 3 34) 12 35) 9 36) 3
37) 2 38) 3 39) 7 40) 3 41) 15 42) 6
43) 7 44) 1 45) 6 46) 3 47) 14 48) 3
49) 3 50) 1 51) 5 52) 5 53) 4 54) 12
55) 1 56) 14 57) 17 58) 5 59) 5 60) 7

Test 77:
1) 6 2) 9 3) 1 4) 6 5) 6 6) 5
7) 6 8) 7 9) 17 10) 6 11) 6 12) 16
13) 4 14) 0 15) 7 16) 1 17) 16 18) 1
19) 18 20) 15 21) 2 22) 3 23) 17 24) 10
25) 9 26) 1 27) 3 28) 4 29) 7 30) 5
31) 12 32) 18 33) 10 34) 8 35) 4 36) 11
37) 15 38) 9 39) 17 40) 3 41) 4 42) 6
43) 12 44) 14 45) 18 46) 8 47) 10 48) 4
49) 4 50) 11 51) 14 52) 7 53) 2 54) 13
55) 7 56) 11 57) 12 58) 16 59) 3 60) 5

Test 78:
1) 18 2) 5 3) 16 4) 12 5) 13 6) 6
7) 6 8) 1 9) 5 10) 6 11) 0 12) 5
13) 13 14) 11 15) 4 16) 12 17) 11 18) 11
19) 8 20) 10 21) 14 22) 1 23) 12 24) 2
25) 14 26) 12 27) 1 28) 1 29) 6 30) 2
31) 12 32) 8 33) 16 34) 13 35) 3 36) 1
37) 3 38) 8 39) 4 40) 9 41) 8 42) 4
43) 3 44) 2 45) 7 46) 13 47) 0 48) 4
49) 13 50) 3 51) 12 52) 10 53) 13 54) 16
55) 3 56) 9 57) 11 58) 10 59) 2 60) 18

Test 79:
1) 4 2) 14 3) 12 4) 8 5) 16 6) 2
7) 11 8) 2 9) 3 10) 1 11) 9 12) 14
13) 18 14) 8 15) 9 16) 15 17) 0 18) 3
19) 8 20) 10 21) 17 22) 11 23) 12 24) 12
25) 4 26) 2 27) 7 28) 7 29) 2 30) 2
31) 0 32) 9 33) 3 34) 18 35) 17 36) 4
37) 11 38) 7 39) 6 40) 7 41) 8 42) 13
43) 13 44) 0 45) 13 46) 9 47) 0 48) 8
49) 11 50) 7 51) 4 52) 7 53) 3 54) 12
55) 13 56) 4 57) 13 58) 5 59) 4 60) 7

Test 80:
1) 6 2) 3 3) 6 4) 4 5) 2 6) 4
7) 5 8) 9 9) 13 10) 4 11) 8 12) 8
13) 6 14) 4 15) 9 16) 2 17) 6 18) 10
19) 3 20) 12 21) 16 22) 6 23) 4 24) 11
25) 3 26) 6 27) 8 28) 6 29) 14 30) 8
31) 1 32) 8 33) 12 34) 2 35) 6 36) 5
37) 2 38) 14 39) 13 40) 8 41) 0 42) 17
43) 4 44) 3 45) 4 46) 7 47) 9 48) 19
49) 12 50) 0 51) 14 52) 2 53) 14 54) 18
55) 10 56) 7 57) 12 58) 13 59) 2 60) 1

Test 81:
1) 1 2) 1 3) 24 4) 20 5) 31 6) 16
7) 2 8) 0 9) 13 10) 5 11) 0 12) 9
13) 2 14) 9 15) 23 16) 10 17) 17 18) 22
19) 31 20) 14 21) 21 22) 4 23) 4 24) 16
25) 28 26) 23 27) 10 28) 11 29) 21 30) 0
31) 9 32) 28 33) 8 34) 7 35) 4 36) 18
37) 28 38) 32 39) 14 40) 6 41) 6 42) 11
43) 13 44) 16 45) 19 46) 3 47) 21 48) 33
49) 30 50) 8 51) 4 52) 7 53) 14 54) 2
55) 6 56) 8 57) 20 58) 36 59) 0 60) 6

Test 82:
1) 19 2) 17 3) 13 4) 11 5) 30 6) 2
7) 15 8) 5 9) 8 10) 24 11) 35 12) 29
13) 5 14) 5 15) 13 16) 7 17) 38 18) 9
19) 22 20) 7 21) 24 22) 10 23) 1 24) 25
25) 16 26) 25 27) 0 28) 2 29) 9 30) 27
31) 14 32) 5 33) 23 34) 3 35) 36 36) 26
37) 7 38) 15 39) 11 40) 22 41) 1 42) 9
43) 8 44) 4 45) 29 46) 21 47) 3 48) 8
49) 26 50) 12 51) 9 52) 10 53) 19 54) 12
55) 12 56) 25 57) 25 58) 10 59) 27 60) 17

Test 83:
1) 14 2) 22 3) 3 4) 20 5) 12 6) 5
7) 32 8) 19 9) 39 10) 20 11) 13 12) 16
13) 10 14) 5 15) 27 16) 6 17) 18 18) 2
19) 4 20) 28 21) 0 22) 19 23) 1 24) 3
25) 2 26) 24 27) 9 28) 26 29) 24 30) 9
31) 9 32) 4 33) 16 34) 35 35) 11 36) 5
37) 17 38) 19 39) 2 40) 20 41) 27 42) 2
43) 19 44) 33 45) 22 46) 22 47) 30 48) 14
49) 18 50) 10 51) 13 52) 7 53) 16 54) 30
55) 15 56) 27 57) 5 58) 7 59) 22 60) 5

Test 84:
1) 3 2) 10 3) 27 4) 13 5) 16 6) 2
7) 36 8) 8 9) 2 10) 14 11) 16 12) 16
13) 30 14) 20 15) 35 16) 2 17) 0 18) 3
19) 36 20) 36 21) 5 22) 4 23) 32 24) 23
25) 2 26) 14 27) 7 28) 30 29) 5 30) 22
31) 8 32) 12 33) 34 34) 2 35) 1 36) 3
37) 12 38) 31 39) 4 40) 8 41) 19 42) 7
43) 8 44) 20 45) 2 46) 14 47) 27 48) 25
49) 13 50) 26 51) 17 52) 12 53) 12 54) 10
55) 32 56) 16 57) 20 58) 30 59) 20 60) 24

Test 85:
1) 24 2) 21 3) 21 4) 7 5) 21 6) 13
7) 19 8) 8 9) 18 10) 2 11) 14 12) 5
13) 22 14) 3 15) 22 16) 1 17) 3 18) 7
19) 7 20) 31 21) 12 22) 5 23) 5 24) 19
25) 16 26) 32 27) 1 28) 20 29) 10 30) 18
31) 7 32) 8 33) 5 34) 1 35) 6 36) 7
37) 21 38) 15 39) 4 40) 34 41) 14 42) 24
43) 11 44) 35 45) 20 46) 25 47) 11 48) 20
49) 38 50) 9 51) 33 52) 8 53) 8 54) 3
55) 24 56) 0 57) 16 58) 13 59) 7 60) 28

Test 86:
1) 8 2) 19 3) 18 4) 15 5) 25 6) 8
7) 2 8) 30 9) 17 10) 13 11) 29 12) 20
13) 15 14) 21 15) 3 16) 38 17) 24 18) 28
19) 28 20) 5 21) 19 22) 13 23) 20 24) 1
25) 1 26) 6 27) 23 28) 8 29) 30 30) 17
31) 25 32) 21 33) 2 34) 32 35) 8 36) 14
37) 12 38) 2 39) 1 40) 1 41) 27 42) 2
43) 11 44) 18 45) 2 46) 27 47) 18 48) 17
49) 25 50) 21 51) 8 52) 3 53) 5 54) 6
55) 28 56) 36 57) 1 58) 35 59) 30 60) 7

Test 87:
1) 25 2) 0 3) 17 4) 4 5) 9 6) 1
7) 23 8) 14 9) 18 10) 26 11) 8 12) 13
13) 30 14) 3 15) 1 16) 19 17) 15 18) 5
19) 20 20) 24 21) 22 22) 6 23) 11 24) 15
25) 2 26) 20 27) 15 28) 6 29) 19 30) 1
31) 6 32) 1 33) 16 34) 29 35) 6 36) 18
37) 12 38) 18 39) 6 40) 4 41) 28 42) 4
43) 7 44) 30 45) 4 46) 25 47) 13 48) 25
49) 32 50) 15 51) 18 52) 4 53) 7 54) 12
55) 0 56) 4 57) 10 58) 20 59) 15 60) 20

Test 88:
1) 8 2) 14 3) 21 4) 26 5) 3 6) 21
7) 20 8) 21 9) 2 10) 35 11) 27 12) 3
13) 31 14) 12 15) 26 16) 14 17) 8 18) 16
19) 15 20) 15 21) 9 22) 11 23) 11 24) 25
25) 1 26) 10 27) 21 28) 1 29) 20 30) 4
31) 1 32) 10 33) 2 34) 2 35) 21 36) 2
37) 15 38) 18 39) 9 40) 10 41) 23 42) 12
43) 5 44) 3 45) 5 46) 13 47) 4 48) 15
49) 7 50) 9 51) 19 52) 12 53) 13 54) 7
55) 8 56) 28 57) 5 58) 16 59) 9 60) 11

Test 89:
1) 23 2) 21 3) 0 4) 4 5) 6 6) 20
7) 18 8) 0 9) 0 10) 17 11) 4 12) 11
13) 4 14) 2 15) 6 16) 3 17) 11 18) 7
19) 22 20) 19 21) 18 22) 23 23) 9 24) 17
25) 28 26) 19 27) 2 28) 18 29) 16 30) 26
31) 2 32) 29 33) 4 34) 2 35) 11 36) 31
37) 20 38) 4 39) 32 40) 8 41) 1 42) 8
43) 2 44) 14 45) 25 46) 16 47) 7 48) 23
49) 13 50) 22 51) 4 52) 18 53) 24 54) 5
55) 10 56) 2 57) 38 58) 3 59) 29 60) 19

Test 90:
1) 28 2) 1 3) 27 4) 16 5) 22 6) 3
7) 1 8) 7 9) 28 10) 10 11) 12 12) 1
13) 5 14) 4 15) 1 16) 3 17) 7 18) 21
19) 3 20) 3 21) 13 22) 21 23) 20 24) 17
25) 3 26) 11 27) 21 28) 12 29) 8 30) 16
31) 23 32) 10 33) 4 34) 7 35) 26 36) 9
37) 10 38) 13 39) 0 40) 3 41) 8 42) 21
43) 4 44) 8 45) 30 46) 12 47) 30 48) 9
49) 20 50) 15 51) 20 52) 15 53) 8 54) 7
55) 14 56) 3 57) 13 58) 10 59) 10 60) 23

Test 91:
1) 6 2) 11 3) 26 4) 16 5) 23 6) 37
7) 21 8) 0 9) 13 10) 20 11) 15 12) 21
13) 5 14) 34 15) 5 16) 24 17) 6 18) 12
19) 30 20) 20 21) 17 22) 1 23) 16 24) 9
25) 17 26) 22 27) 14 28) 18 29) 25 30) 1
31) 7 32) 27 33) 12 34) 26 35) 13 36) 4
37) 7 38) 12 39) 8 40) 16 41) 18 42) 5
43) 3 44) 15 45) 29 46) 15 47) 10 48) 6
49) 5 50) 10 51) 18 52) 5 53) 7 54) 14
55) 40 56) 30 57) 2 58) 17 59) 13 60) 11

Test 92:
1) 22 2) 9 3) 19 4) 16 5) 5 6) 16
7) 23 8) 12 9) 18 10) 12 11) 18 12) 17
13) 16 14) 31 15) 7 16) 17 17) 23 18) 5
19) 21 20) 1 21) 38 22) 29 23) 3 24) 8
25) 5 26) 7 27) 4 28) 20 29) 35 30) 3
31) 0 32) 4 33) 28 34) 1 35) 11 36) 16
37) 6 38) 7 39) 32 40) 26 41) 12 42) 5
43) 2 44) 17 45) 3 46) 13 47) 10 48) 28
49) 33 50) 26 51) 4 52) 3 53) 3 54) 14
55) 32 56) 3 57) 2 58) 1 59) 10 60) 2

Test 93:
1) 2 2) 32 3) 16 4) 9 5) 27 6) 13
7) 1 8) 8 9) 26 10) 5 11) 9 12) 11
13) 5 14) 4 15) 30 16) 18 17) 25 18) 9
19) 8 20) 19 21) 5 22) 15 23) 2 24) 7
25) 6 26) 35 27) 32 28) 32 29) 32 30) 16
31) 0 32) 14 33) 20 34) 35 35) 3 36) 20
37) 10 38) 6 39) 15 40) 25 41) 29 42) 28
43) 24 44) 3 45) 6 46) 10 47) 17 48) 16
49) 4 50) 3 51) 39 52) 6 53) 22 54) 8
55) 26 56) 5 57) 24 58) 5 59) 15 60) 7

Test 94:
1) 9 2) 15 3) 4 4) 7 5) 7 6) 13
7) 12 8) 12 9) 5 10) 2 11) 20 12) 4
13) 15 14) 14 15) 18 16) 7 17) 3 18) 15
19) 16 20) 32 21) 1 22) 30 23) 35 24) 10
25) 26 26) 16 27) 1 28) 5 29) 16 30) 14
31) 8 32) 40 33) 6 34) 15 35) 23 36) 16
37) 4 38) 7 39) 17 40) 23 41) 23 42) 24
43) 23 44) 24 45) 8 46) 20 47) 5 48) 10
49) 2 50) 11 51) 8 52) 1 53) 20 54) 15
55) 35 56) 19 57) 16 58) 8 59) 6 60) 1

Test 95:
1) 0 2) 1 3) 18 4) 18 5) 4 6) 20
7) 9 8) 10 9) 4 10) 9 11) 4 12) 26
13) 5 14) 37 15) 21 16) 5 17) 36 18) 12
19) 6 20) 4 21) 21 22) 16 23) 5 24) 21
25) 5 26) 3 27) 10 28) 12 29) 17 30) 2
31) 20 32) 11 33) 13 34) 16 35) 28 36) 2
37) 2 38) 5 39) 17 40) 22 41) 13 42) 12
43) 13 44) 12 45) 2 46) 19 47) 0 48) 10
49) 7 50) 34 51) 28 52) 29 53) 18 54) 21
55) 4 56) 9 57) 22 58) 19 59) 15 60) 4

Test 96:
1) 0 2) 13 3) 12 4) 3 5) 36 6) 7
7) 16 8) 23 9) 11 10) 14 11) 3 12) 37
13) 1 14) 16 15) 17 16) 32 17) 30 18) 3
19) 16 20) 24 21) 29 22) 12 23) 0 24) 2
25) 17 26) 5 27) 4 28) 11 29) 36 30) 12
31) 16 32) 26 33) 22 34) 4 35) 18 36) 26
37) 36 38) 14 39) 2 40) 22 41) 37 42) 1
43) 12 44) 25 45) 5 46) 5 47) 19 48) 12
49) 29 50) 23 51) 5 52) 16 53) 9 54) 10
55) 9 56) 4 57) 3 58) 26 59) 6 60) 3

Test 97:
1) 11 2) 3 3) 5 4) 16 5) 19 6) 18
7) 16 8) 29 9) 16 10) 20 11) 13 12) 36
13) 5 14) 10 15) 7 16) 23 17) 5 18) 23
19) 5 20) 4 21) 6 22) 7 23) 20 24) 26
25) 39 26) 29 27) 5 28) 11 29) 24 30) 23
31) 24 32) 7 33) 9 34) 7 35) 0 36) 16
37) 3 38) 4 39) 2 40) 16 41) 4 42) 15
43) 6 44) 17 45) 26 46) 16 47) 16 48) 15
49) 20 50) 3 51) 12 52) 22 53) 24 54) 24
55) 38 56) 11 57) 10 58) 16 59) 15 60) 8

Test 98:
1) 2 2) 17 3) 18 4) 11 5) 22 6) 34
7) 8 8) 23 9) 27 10) 1 11) 16 12) 33
13) 31 14) 9 15) 14 16) 15 17) 6 18) 1
19) 2 20) 1 21) 22 22) 38 23) 4 24) 2
25) 11 26) 11 27) 6 28) 9 29) 11 30) 10
31) 37 32) 13 33) 7 34) 15 35) 33 36) 14
37) 2 38) 10 39) 36 40) 9 41) 24 42) 7
43) 9 44) 21 45) 20 46) 26 47) 4 48) 7
49) 12 50) 19 51) 33 52) 17 53) 29 54) 21
55) 27 56) 16 57) 14 58) 15 59) 13 60) 16

Test 99:
1) 17 2) 2 3) 14 4) 2 5) 26 6) 19
7) 28 8) 12 9) 32 10) 28 11) 31 12) 3
13) 6 14) 10 15) 16 16) 24 17) 15 18) 5
19) 16 20) 3 21) 3 22) 12 23) 20 24) 9
25) 9 26) 14 27) 6 28) 16 29) 7 30) 6
31) 5 32) 2 33) 22 34) 11 35) 5 36) 9
37) 2 38) 20 39) 5 40) 1 41) 14 42) 15
43) 1 44) 16 45) 22 46) 9 47) 1 48) 15
49) 6 50) 6 51) 25 52) 3 53) 4 54) 25
55) 22 56) 2 57) 24 58) 16 59) 8 60) 13

Test 100:
1) 9 2) 12 3) 29 4) 18 5) 19 6) 18
7) 2 8) 2 9) 0 10) 14 11) 16 12) 5
13) 17 14) 2 15) 18 16) 3 17) 34 18) 9
19) 10 20) 7 21) 9 22) 28 23) 5 24) 1
25) 19 26) 2 27) 21 28) 3 29) 14 30) 8
31) 24 32) 28 33) 17 34) 36 35) 7 36) 38
37) 11 38) 12 39) 12 40) 20 41) 37 42) 31
43) 3 44) 16 45) 12 46) 29 47) 11 48) 0
49) 8 50) 6 51) 38 52) 12 53) 6 54) 23
55) 27 56) 34 57) 17 58) 28 59) 1 60) 16

Congrats, you finished the book!

If you enjoyed it, please leave a review.

This was the first book in our **Math Practice** series.

To continue your math journey, check the back of this book!

Track Your Progress!

Test 1:	Score:_____	Time:_____
Test 2:	Score:_____	Time:_____
Test 3:	Score:_____	Time:_____
Test 4:	Score:_____	Time:_____
Test 5:	Score:_____	Time:_____
Test 6:	Score:_____	Time:_____
Test 7:	Score:_____	Time:_____
Test 8:	Score:_____	Time:_____
Test 9:	Score:_____	Time:_____
Test 10:	Score:_____	Time:_____
Test 11:	Score:_____	Time:_____
Test 12:	Score:_____	Time:_____
Test 13:	Score:_____	Time:_____
Test 14:	Score:_____	Time:_____
Test 15:	Score:_____	Time:_____
Test 16:	Score:_____	Time:_____
Test 17:	Score:_____	Time:_____
Test 18:	Score:_____	Time:_____
Test 19:	Score:_____	Time:_____
Test 20:	Score:_____	Time:_____
Test 21:	Score:_____	Time:_____
Test 22:	Score:_____	Time:_____
Test 23:	Score:_____	Time:_____
Test 24:	Score:_____	Time:_____
Test 25:	Score:_____	Time:_____
Test 26:	Score:_____	Time:_____
Test 27:	Score:_____	Time:_____
Test 28:	Score:_____	Time:_____
Test 29:	Score:_____	Time:_____
Test 30:	Score:_____	Time:_____
Test 31:	Score:_____	Time:_____
Test 32:	Score:_____	Time:_____
Test 33:	Score:_____	Time:_____
Test 34:	Score:_____	Time:_____
Test 35:	Score:_____	Time:_____
Test 36:	Score:_____	Time:_____
Test 37:	Score:_____	Time:_____
Test 38:	Score:_____	Time:_____
Test 39:	Score:_____	Time:_____
Test 40:	Score:_____	Time:_____
Test 41:	Score:_____	Time:_____
Test 42:	Score:_____	Time:_____
Test 43:	Score:_____	Time:_____
Test 44:	Score:_____	Time:_____
Test 45:	Score:_____	Time:_____
Test 46:	Score:_____	Time:_____
Test 47:	Score:_____	Time:_____
Test 48:	Score:_____	Time:_____
Test 49:	Score:_____	Time:_____
Test 50:	Score:_____	Time:_____
Test 51:	Score:_____	Time:_____
Test 52:	Score:_____	Time:_____
Test 53:	Score:_____	Time:_____
Test 54:	Score:_____	Time:_____
Test 55:	Score:_____	Time:_____
Test 56:	Score:_____	Time:_____
Test 57:	Score:_____	Time:_____
Test 58:	Score:_____	Time:_____
Test 59:	Score:_____	Time:_____
Test 60:	Score:_____	Time:_____
Test 61:	Score:_____	Time:_____
Test 62:	Score:_____	Time:_____
Test 63:	Score:_____	Time:_____
Test 64:	Score:_____	Time:_____
Test 65:	Score:_____	Time:_____
Test 66:	Score:_____	Time:_____
Test 67:	Score:_____	Time:_____
Test 68:	Score:_____	Time:_____
Test 69:	Score:_____	Time:_____
Test 70:	Score:_____	Time:_____
Test 71:	Score:_____	Time:_____
Test 72:	Score:_____	Time:_____
Test 73:	Score:_____	Time:_____
Test 74:	Score:_____	Time:_____
Test 75:	Score:_____	Time:_____
Test 76:	Score:_____	Time:_____
Test 77:	Score:_____	Time:_____
Test 78:	Score:_____	Time:_____
Test 79:	Score:_____	Time:_____
Test 80:	Score:_____	Time:_____
Test 81:	Score:_____	Time:_____
Test 82:	Score:_____	Time:_____
Test 83:	Score:_____	Time:_____
Test 84:	Score:_____	Time:_____
Test 85:	Score:_____	Time:_____
Test 86:	Score:_____	Time:_____
Test 87:	Score:_____	Time:_____
Test 88:	Score:_____	Time:_____
Test 89:	Score:_____	Time:_____
Test 90:	Score:_____	Time:_____
Test 91:	Score:_____	Time:_____
Test 92:	Score:_____	Time:_____
Test 93:	Score:_____	Time:_____
Test 94:	Score:_____	Time:_____
Test 95:	Score:_____	Time:_____
Test 96:	Score:_____	Time:_____
Test 97:	Score:_____	Time:_____
Test 98:	Score:_____	Time:_____
Test 99:	Score:_____	Time:_____
Test 100:	Score:_____	Time:_____

Made in the USA
Las Vegas, NV
06 January 2023

64973554R00063